高等职业教育汽车类专业新型活页工作手册式系列教材

系列教材主编：戚文革　邹玉清

汽车销售服务实务
教学工作页

刘　凯　李　彤◎编著

中国铁道出版社有限公司
CHINA RAILWAY PUBLISHING HOUSE CO., LTD.

内容简介

本书是根据国务院印发的“职教20条”文件精神，落实“新型活页式、工作手册式”职业教育教材的要求而编写。与教材《汽车销售服务实务》（ISBN 978-7-113-28613-2）配套开发，共分十个项目，包括集客到店、售前准备、展厅接待、需求分析、产品介绍、试乘试驾、异议处理、报价成交、新车交付、售后跟踪。每个项目均包含项目任务单、项目导入、项目实施、理论考核。

本书的特点有：以“做事”的职业行动作为认知起点；使用多样化的可视化表达方式；设计实施“微组织”环节；多环节、多形式的“专业+思政+创新”有机融合；设计了典型案例、新知识、新标准等内容。

本书由校企行合作开发，充分融入职业要素，适合作为高等职业院校和其他职业学校汽车类相关专业的教材，也可作为有关人员的岗位培训教材。

图书在版编目（CIP）数据

汽车销售服务实务教学工作页/刘凯，李彤编著. —北京：中国铁道出版社有限公司，2022.8
高等职业教育汽车类专业新型活页工作手册式系列教材
ISBN 978-7-113-29197-6

Ⅰ.①汽… Ⅱ.①刘… ②李… Ⅲ.①汽车-销售服务-高等职业教育-教学参考资料 Ⅳ.①F766

中国版本图书馆CIP数据核字（2022）第095689号

书　　名： 汽车销售服务实务教学工作页
QICHE XIAOSHOU FUWU SHIWU JIAOXUE GONGZUOYE
作　　者： 刘　凯　李　彤

策　　划： 钱　鹏　　　**编辑部电话：**（010）83552550
责任编辑： 钱　鹏　许　璐
封面设计： 刘　颖
责任校对： 安海燕
责任印制： 樊启鹏

出版发行： 中国铁道出版社有限公司（100054，北京市西城区右安门西街8号）
网　　址： http://www.tdpress.com/51eds/
印　　刷： 北京联兴盛业印刷股份有限公司
版　　次： 2022年8月第1版　2022年8月第1次印刷
开　　本： 787 mm×1 092 mm　1/16　**印张：** 11　**字数：** 289千
书　　号： ISBN 978-7-113-29197-6
定　　价： 45.00元

序

职业教育的本质是“学习如何工作”的教育，即培养学生具备与工作任务相匹配的职业能力。职业能力遵循新手—生手—熟手—专家/高手的成长规律，如何在职业教育中实施符合职业能力成长规律的落地措施，是职业教育教学设计的首要原则。

本书的教学内容设计是在微组织教学模式“教与学”的行动逻辑指导下完成的。微组织教学模式是行动导向教学具体实施中运用的一个具体化方法，由教学情境导入、任务发布、任务实施、检查纠错、结果评价五个环节构成，其本质特征是：针对问题，师生之间建立即时反馈系统。要求教师要具有对问题察之入微的敏感性，针对每个问题做出“即时反馈”。微组织教学模式实施过程中要求对任何一个知识点、技能点均做到“一点一讲一练一确认”。

教学工作页是微组织教学模式实施工具，是教师“教”与学生“学”的引导性教学文件，是学生思维过程、学习过程、学习结果可视化表达与教师即时反馈的载体。

教学工作页设计实现了以下四点创新：

一、以“做事”的行动作为认知起点

以“做事”的行动作为认知起点，建构基于“做事”的行动体系认知结构，而非学科知识体系“认知结构”，以与学生行动能力相匹配的“做事”的显性行动单元作为教学设计起点。

二、学习过程可视化设计表达

根据学习内容选择多样化的可视化表达方式，可视化设计包括两个方面：一是学生的学习思维过程和学习结果教师要看得见；二是教师的即时反馈学生要看得见，对学习过程与学习结果是否符合要求教师要作出即时反馈意见，反馈意见学生要看得见。

三、教学过程“教与学”即时反馈

学习过程可视化呈现，为建立个性化“教与学”即时反馈创造了前提条件，即时反馈为学生学习偏差及时提供“支架”，赋能“成功学习”，激发内模拟机制，实现班级集体授课制条件下的因材施教。

四、实现“知识、能力、素养”一体化生长

任何一个学习行动都是“知识、能力、素养”构成的“复合体”：在行动中理解和掌握行动赖以发生的“知识”；在行动中积淀和提升完成行动的“能力”；在行动中规塑做事做人的“素养”。一个行动能够“达标完成”所涉及的“知识、能力、素养”一个也不能少，将行动全过程所有节点与最终成果所涉及的“知识、能力、素养”都进行可视化呈现，依据“合格标准”进行即时反馈、纠正、刻意训练，直到正确为止。

自 2016 年起，吉林电子信息职业技术学院在汽车专业群、机械专业群启动了面向教育对象的提升教学育人的有效性教学改革，教学工作页的创建与应用是教学改革标志性成果之一，催生了教学育人有效性显著提升的课堂革命。

希望本书能够为高等职业院校汽车类专业课程教学设计提供借鉴。

戚文革

2021 年 12 月 28 日

前言

本教学工作页是为贯彻国务院印发的“职教20条”文件精神，落实“新型活页式、工作手册式”职业教育教材的要求而编写。与教材《汽车销售服务实务》（ISBN 978-7-113-28613-2）配套开发，含十个项目，包括集客到店、售前准备、展厅接待、需求分析、产品介绍、试乘试驾、异议处理、报价成交、新车交付、售后跟踪。每个项目均包含项目任务单、项目导入、项目实施三部分内容。

本教学工作页具有以下特点：

1. 以“做事”的职业行动作为认知起点，突出职业能力培养

将项目中每个任务的工作内容序化为工作准备、开展汽车销售服务工作、反馈等完整的工作过程，在工作过程中掌握汽车销售服务流程、工作方法、技术标准和工作要求等职业知识，即按照“实践—认识—再实践—再认识”的发展规律，以“做事”的职业行动作为认知起点，在完成职业活动（包含职业行动和职业知识）过程中不断积淀职业能力，突出职业能力培养。

2. 使用多样化、可视化表达方式和“即时反馈”，实现了因材施教

根据学习内容选择了鱼骨图、金字塔图、圆圈图、树形图、流程图、复流程图、列表及方框等多样化的学生学习过程可视化表达方式；学习过程可视化设计为即时反馈奠定了基础，教学过程针对问题“时时、事事、人人”的即时反馈，实现了班级集体授课制条件下的因材施教。

3. 设计实施“微组织”环节，实现“知识、能力、素养”一体化成长

每个行动都设计了“微组织：教师检查纠错，学生改正错误”环节。在教学过程中，教师依据“合格标准”，采用检查纠错方式，对每个行动所涉及的“知识、能力、素养”进行即时反馈、纠正、刻意训练，学生在不断地改正错误直到正确为止的过程中，实现了“知识、能力、素养”一体化生长。

4. 典型案例增加启示性，新知识、新工艺增强时效性

每个任务后面都书写了汽车销售过程中真实的案例，使学生在学习过程中受到启示，得以借鉴；充分考虑电话邀约、店面邀约、展厅接待流程等既成熟可靠，又代表现阶段

我国汽车销售服务行业发展的最新成就的汽车新媒体营销技术，增强本教学工作页的时效性。

5. 校企行合作开发，充分融入职业要素

本教学工作页由吉林电子信息职业技术学院汽车工程学院刘凯与吉林省教育学院李彤共同编著。

吉林市兴孚汽车销售服务有限公司汽车展厅经理刘明新提供了真实案例；咸阳职业技术学院教师陈晓瑜提供了创新元素；吉林电子信息职业技术学院教授戚文革提供了思政元素；吉林省汽车维修行业协会秘书长李晶提出了宝贵意见和建议。对在本书编著过程中给予大力支持的各位教师，在此表示衷心的感谢！

本教学工作页由中国汽车工程学会汽车应用与服务学会技术副总监弋国鹏、北华大学教授刘瑞军、吉林市红旗汽车销售有限公司徐久腾审稿。参加审稿的各位教师对全书进行了认真细致的审阅，并提出了宝贵的意见和建议，在此表示衷心的感谢！

由于编著者水平有限，书中难免有疏漏与不妥之处，恳请读者批评指正。

编著者

2022年2月

目　录

项目一　集客到店

项目任务单

<table>
<tr><td>项目描述</td><td>完成邀请客户到店</td></tr>
<tr><td>项目要求</td><td>依据王先生的网站浏览留下的个人信息，对王先生进行电话邀约，并记录王先生到店的时间。
1. 对王先生进行自我介绍（销售顾问介绍）。
2. 对潜在客户王先生进行开发和转化。
3. 对王先生进行电话邀约</td></tr>
<tr><td>学习目标</td><td>1. 能够描述潜客开发的渠道。
2. 能够描述店面邀约的流程。
3. 能够描述电话邀约的流程。
4. 能够正确完成潜客开发。
5. 能够正确完成店面邀约。
6. 能够正确完成电话邀约。
7. 能够自觉遵守岗位职责和行为规范。
8. 能够养成安全、环保、“5S”作业、团结协作的好习惯</td></tr>
<tr><td>项目载体</td><td>今天天气晴朗，销售顾问李想来到工作单位红旗汽车销售有限公司，开始了今天的工作，通过网络、微信、报纸等方式开发客户，集客到店。李想发现王先生在网站上浏览了一汽红旗的 20 万元左右的几款车型，并在网页上留下了个人信息 </td></tr>
<tr><td>计划学时</td><td>8~12 学时</td></tr>
</table>

工作页	上课地点		学生姓名		完成 / 未完成
	任课教师		上课时间		优 / 良 / 中 / 及格

项目导入

销售顾问每天都要和形形色色的人打交道，每个人都是一个世界，销售顾问的工作就是和每个潜在客户的世界共鸣，就是要洞察潜在顾客的内心世界，以顾客为中心，以优质、贴心的服务争得潜在客户的认同，强化潜在顾客购买意愿，快速做出购买决定。

这是平常的一天，早上 8:20，销售顾问李想来到工作单位，进行了个人物品的 5S 整理。8:30 全体销售顾问在展厅进行晨会，首先全体成员一起大声说出了公司的服务口号“爱岗敬业、求实创新、用心服务、勇争一流。”接下来销售顾问依次汇报了昨天的工作总结及今日的工作计划，轮到销售顾问李想了，李想对昨天的邀约客户的情况进行了总结，今天计划通过网络、微信、报纸等方式继续开发不低于 10 名新客户，同时电话邀请王先生到店。李想开始了新一天的工作。

一、想一想：结合汽车销售顾问李想今日的工作，请回答下列问题

（1）为了实现办公的简约化，销售顾问李想进行了个人物品的 5S 整理，5S 指的是：

（2）销售顾问李想打算联系潜在客户的方式有哪些？（至少写四项）

二、写一写：集客到店的方式和工作用品

请仔细观察下图销售顾问李想邀约工作，在左侧方框内写下邀约时主要使用的用品名称，同时在右侧方框选择本次邀约的方式。

用品 1：

用品 2：

用品 3：

用品 4：

邀约方式：

电话邀约□

网络邀约□

微信邀约□

展厅邀约□

集客到店

微组织 1：教师检查纠错，学生改正错误。微评价：☆☆☆☆☆

三、安全教育与工作要求

请大声说出“到达工作地点，做好工作准备”，同时进行自检和互检。若已完成，请在方框内画上“√”。

□全体人员进入工作地点时，工作服应穿戴整洁，保证符合工作要求；

□工作时应携带带着自己名字的工作铭牌，禁止佩戴戒指等金属首饰；

□进入工作地点后严禁摆弄与本次工作无关的设备和工具，并把手机调成振动模式；

□严禁嬉戏打闹。

微组织 2：教师检查纠错，学生改正错误。微评价：☆☆☆☆☆

项目实施

任务一　开发潜在客户

流程一：工作准备

请仔细核对工作准备项目与内容，对照“开发潜在客户工作准备情况检查表”核准工作准备，见表 1-1-1。若已准备好，请在方框里画上“√”；若有遗漏，请补充后画上“√”。

表 1-1-1　开发潜在客户工作准备情况检查表

项　目	内　容
工作地点	汽车销售顾问办公区□
工作设施	办公桌□　座椅□
工作用品	办公计算机□　办公电话□　手机□　写字板□　意向客户信息卡□　DMS 客户管理系统□

微组织 1：教师检查纠错，学生改正错误。微评价：☆☆☆☆☆

流程二：开发潜在客户

1. 通过学习主教材的视频和相关内容，结合教师讲解，制订识别客户工作要点，并填写在“识别客户分析表”中，见表 1-1-2。

表 1-1-2　识别客户分析表

工　序	分 析 内 容	确定客户类型
1		
2		
3		
4		
5		

微组织 2：教师检查纠错，学生改正错误。微评价：☆☆☆☆☆

2. 请实施情景演练并总结工作过程中存在的问题，将问题填写在“识别客户问题汇总简析表”中，并对产生原因进行简要分析，见表 1-1-3。

表 1-1-3　识别客户问题汇总简析表

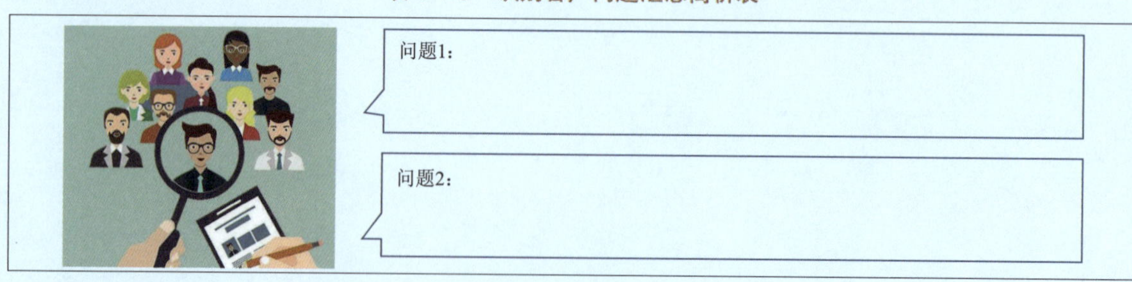

简单分析 1：
简单分析 2：
其　他：

微组织 3：教师检查纠错，学生改正错误。微评价：☆☆☆☆☆

3. 请同学们认真在方格内写出潜在客户的三要素，并根据车辆的产品特性，在图 1-1-1 中进行归纳填写。

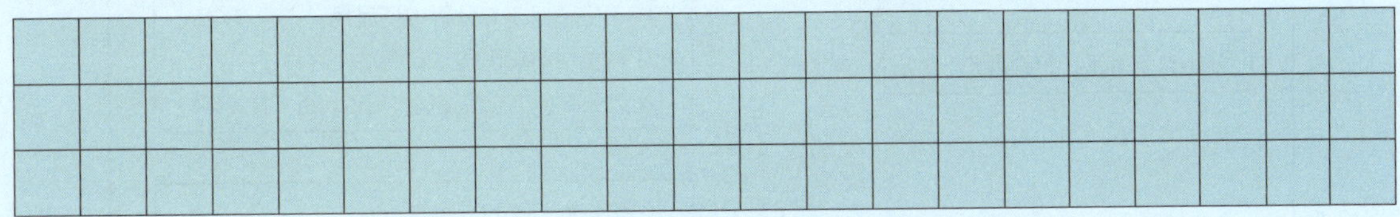

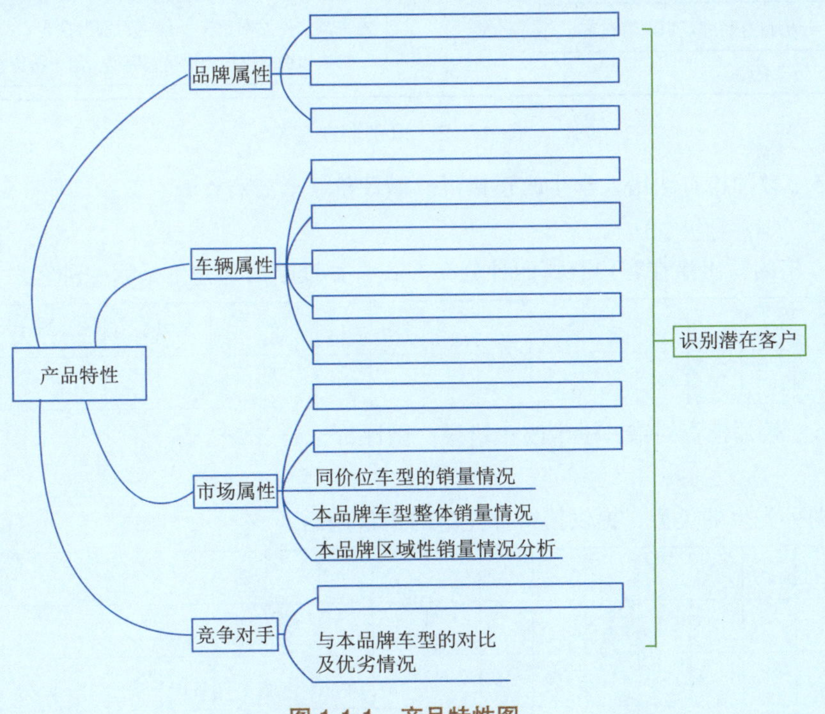

图 1-1-1　产品特性图

微组织 4：教师检查纠错，学生改正错误。微评价：☆☆☆☆☆

4. 请在图 1-1-2 的方框中进行识别客户方式连线，并陈述你的理解。

分析车辆，识别潜在客户	①销售顾问李想分析自身品牌的特性，查看客户孙先生浏览网站车型信息识别潜在客户； ②销售顾问李想制定销售用语，用于接待客户
分析市场环境，识别潜在客户	①销售顾问李想分析车辆的特性，查看客户孙先生车辆信息识别潜在客户； ②销售顾问李想制定销售用语，用于接待客户
分析竞争对手，识别客户	①销售顾问李想分析市场属性，查看客户孙先生浏览网站车型信息识别潜在客户； ②销售顾问李想制定销售用语，用于接待客户
分析自身品牌，识别潜在客户	①销售顾问李想分析竞争对手，查看客户孙先生浏览网站对比车型信息识别潜在客户； ②销售顾问李想制定销售用语，用于接待客户

图 1-1-2　识别潜在客户

微组织 5：教师检查纠错，学生改正错误。微评价：☆☆☆☆☆

5. 请在方格内写出潜在客户有哪四种分类方式，并推断出孙先生是哪一种客户类型。

微组织 6：教师检查纠错，学生改正错误。微评价：☆☆☆☆☆

6. 请根据孙先生的类型，提供接待孙先生的销售用语。

微组织 7：教师检查纠错，学生改正错误。微评价：☆☆☆☆☆

7. 请通过阅读学习，写出汽车产品媒体开发渠道有哪些，写出你选择的开发渠道及理由。

微组织 8：教师检查纠错，学生改正错误。微评价：☆☆☆☆☆

8. 通过学习主教材的视频和相关内容，结合教师讲解，制定出工作要点，并填写在“4S 店开发渠道工作计划表”中，见表 1-1-4。

表 1-1-4　4S 店开发渠道工作计划表

序号	项　目	工作流程	内　容	工作用品
1	现有客户中，寻找潜在客户		汽车销售顾问李想持介绍信前往走访推销，上门服务	
			汽车顾问李想请老客户杨先生写一封推荐信，将厂商、品牌、价格及服务情况，简略地介绍给潜在的新客户白小姐	
			请老客户杨先生将汽车销售顾问李想推荐给新的客户白小姐	
2	认识的人，开发潜在客户			

微组织 9：教师检查纠错，学生改正错误。微评价：☆☆☆☆☆

9. 请在客户开发的方法中选取一种开发方法，实施情景演练并总结工作过程中存在的问题，将问题填写在表 1-1-5 中，并对原因进行简要分析。

表 1-1-5　4S 店开发客户工作计划问题汇总简析表

序号	问　题	简　析
1		
2		
3		

微组织 10：教师检查纠错，学生改正错误。微评价：☆☆☆☆☆

10. 请写出潜在客户开发的原则中 MAN 所表达的含义，并查阅教材，进行讨论，判断出有成功购买希望客户的类型。

		M	:					A	:							N	:				
类	型	:																		

微组织 11：教师检查纠错，学生改正错误。微评价：☆☆☆☆☆

11. 请根据客户王先生的信息，实景演练客户王先生的资格审查的工作，并填写客户资格审查表，请在方框里画上“√”，见表 1-1-6。

表 1-1-6　客户资格审查表

项目	内容	结论	项目	内容	结论
姓名	王先生	正确□ 错误□	电话	135××××××××	正确□ 错误□
购车需求	红旗 HS5	正确□ 错误□	购买能力	20 万 ~40 万元	正确□ 错误□
购车用途	家用	正确□ 错误□	购买权利	贷款	正确□ 错误□
购车意向	近期	正确□ 错误□	购买信用	良好	正确□ 错误□
个性化特征	自驾	正确□ 错误□	到店途径	网络	正确□ 错误□

微组织 12：教师检查纠错，学生改正错误。微评价：☆☆☆☆☆

12. 根据王先生的资格审查的演练，结合教材和教师讲解，请你总结客户资格审查的流程，并填写在“客户资格审查流程图”里，如图 1-1-3 所示。

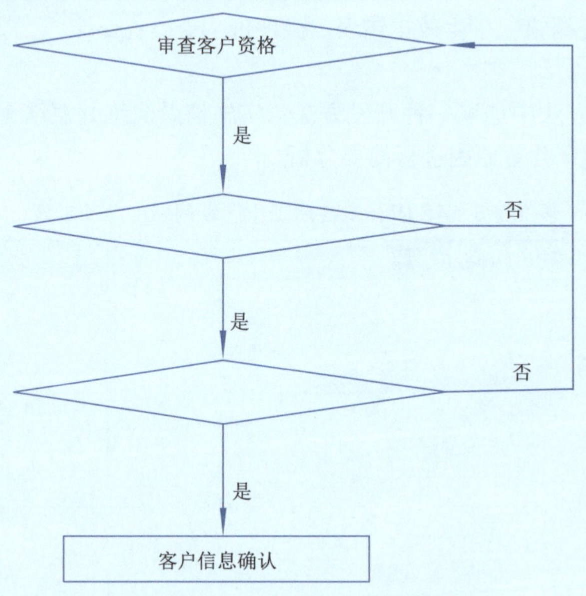

图 1-1-3　客户资格审查流程图

微组织 13：教师检查纠错，学生改正错误。微评价：☆☆☆☆☆

案　例

案例一：客户在网络看车并留下个人信息，未有进一步行动。

一位客户在网络看车并留下了个人信息，但没有进一步拨打购车电话，汽车销售顾问发现网络信息后，给客户拨打电话。

汽车销售顾问：先生，您好，我这里是 ×× 汽车销售有限公司，我是销售顾问李想，您叫我小李就好了。

客户：小李，你好！请问有什么事？

汽车销售顾问：我们看到您最近关注了 ×× 车型，请问您最近有时间到店看车吗？

客户：最近店里有活动吗？价格是多少呀？

汽车销售顾问：这款车型厂家正好本月有推广活动，但是，不同颜色不同配置，在价格上还是有所区别的，您最好来我们店看一下车，我们再详谈。

客户：优惠力度要是真的大，我明天就能到店看车。

汽车销售顾问：好的，欢迎您到店看车，稍后我会将我们店的地址和我的微信号以短信形式发送给您，请您查收，我们明天见！

客户：好的，明天见。

案例二：基盘客户希望置换车辆。

客户是 ×× 品牌的基盘客户，已经开了 8 年的车了，今天给销售顾问打电话，希望置换一台新车。

客户：您好，请问是 ×× 汽车公司销售顾问李想吗？

汽车销售顾问：王先生，是我，好久没和您联系了，您最近怎么样？车用得还好吗？

客户：嗯嗯，这车我都按时保养，非常好，但是最近家里想换个稍微大一点的车，有什么推荐吗？

汽车销售顾问：王先生，我们最近正好有针对老客户的优惠活动，置换享受厂家提供的 5 000 元补贴呢，您看什么时候来店里，让我给您做个全面的介绍，顺便给咱们的爱车做个全面的评估。

客户：好的，这周五上午 10:30 左右，我到店吧。

汽车销售顾问：好的，那我给您做个预约登记，期待您的光临。祝您生活愉快，再见！

客户：再见！

任务二　店面邀约

流程一：工作准备

请仔细核对工作准备项目与内容，对照“店面邀约工作准备情况检查表”核准工作准备，见表 1-2-1。若已准备好，请在方框里画上“√”；若有遗漏，请补充后画上“√”。

表 1-2-1　店面邀约工作准备情况检查表

项　目	内　容
工作地点	汽车销售顾问办公区□
工作设施	办公桌□　座椅□
工作用品	办公计算机□　办公电话□　手机□　写字板□　意向客户信息卡□　DMS 客户管理系统□

微组织 1：教师检查纠错，学生改正错误。微评价：☆☆☆☆☆

流程二：店面邀约

1. 通过学习主教材的视频和相关内容，结合教师讲解，制订识别客户工作要点，并填写在“销售顾问应具备的职业素养”中，见表 1-2-2。

表 1-2-2　销售顾问应具备的职业素养

工序	职 业 素 养	是 否 具 备
1		□具备　□不完全具备　□不具备
2		□具备　□不完全具备　□不具备
3		□具备　□不完全具备　□不具备
4		□具备　□不完全具备　□不具备
5		□具备　□不完全具备　□不具备

微组织 2：教师检查纠错，学生改正错误。微评价：☆☆☆☆☆

2. 请实施情景演练并总结工作过程中存在的问题，将问题填写在“店面邀约问题汇总简析表”中，并对产生原因进行简要分析，见表 1-2-3。

表 1-2-3　店面邀约问题汇总简析表

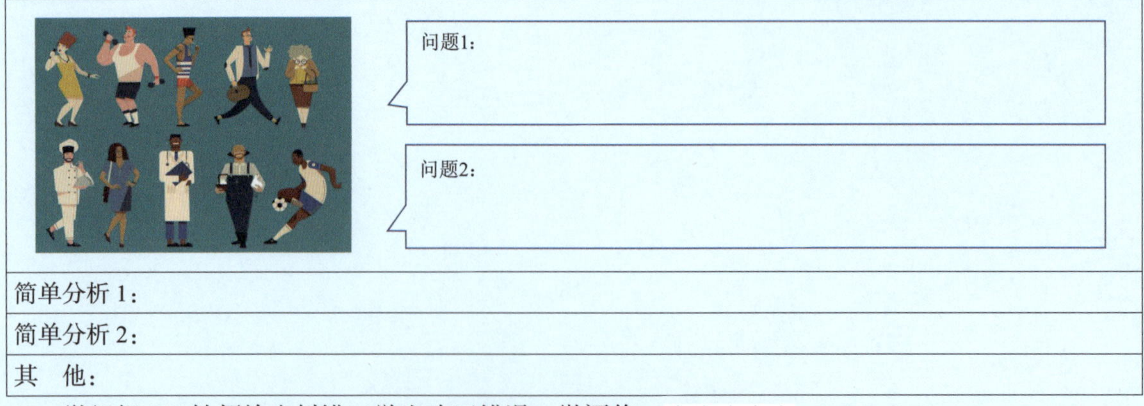

问题1:

问题2:

简单分析 1:
简单分析 2:
其　他:

微组织 3：教师检查纠错，学生改正错误。微评价：☆☆☆☆☆

3. 请认真在图 1-2-1 所示方格中写出店面邀约的流程。

1. 观察店面周围客户
是
否
2. 邀约客户
是
否
是
4. 送别客户

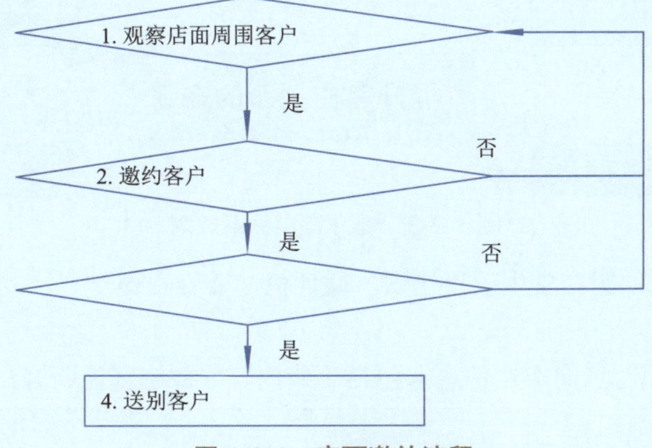

图 1-2-1　店面邀约流程

微组织 4：教师检查纠错，学生改正错误。微评价：☆☆☆☆☆

4. 请认真在图 1-2-2 的方格内对销售顾问的自我介绍流程进行连线。

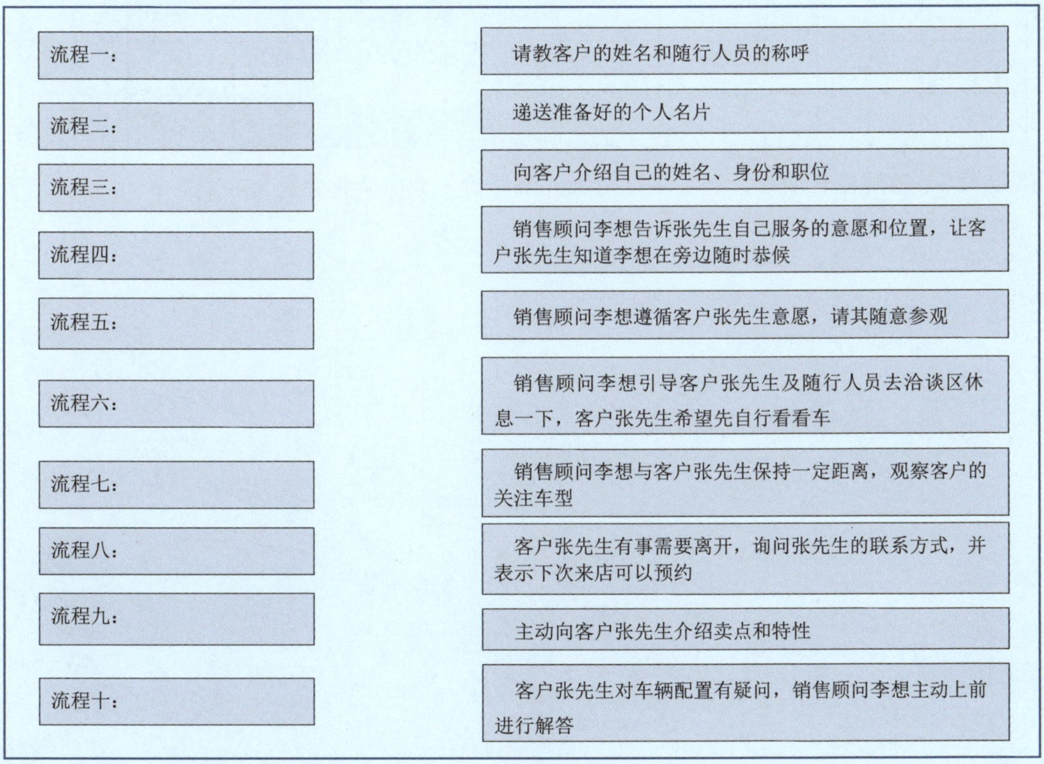

流程一：
流程二：
流程三：
流程四：
流程五：
流程六：
流程七：
流程八：
流程九：
流程十：
请教客户的姓名和随行人员的称呼
递送准备好的个人名片
向客户介绍自己的姓名、身份和职位
销售顾问李想告诉张先生自己服务的意愿和位置，让客户张先生知道李想在旁边随时恭候
销售顾问李想遵循客户张先生意愿，请其随意参观
销售顾问李想引导客户张先生及随行人员去洽谈区休息一下，客户张先生希望先自行看看车
销售顾问李想与客户张先生保持一定距离，观察客户的关注车型
客户张先生有事需要离开，询问张先生的联系方式，并表示下次来店可以预约
主动向客户张先生介绍卖点和特性
客户张先生对车辆配置有疑问，销售顾问李想主动上前进行解答

图 1-2-2　销售顾问自我介绍流程

微组织 5：教师检查纠错，学生改正错误。微评价：☆☆☆☆☆

5. 请在图 1-2-3 中认真填写提升客户关系的守则。

图 1-2-3　提升客户关系守则

微组织 6：教师检查纠错，学生改正错误。微评价：☆☆☆☆☆

6. 请认真在方格内填写意向客户信息卡包括哪些内容，并解释说明客户信息卡。

微组织 7：教师检查纠错，学生改正错误。微评价：☆☆☆☆☆

案　例

案例一：客户在展厅附近犹豫徘徊。

一位客户在展厅外盯着门口的新车型海报，既不推门进入展厅，也没有离开的意思。汽车销售顾问发现客户后，微笑着走过去，为客户打开了展厅的大门。

汽车销售顾问：先生，天气比较热，我们店内有空调，还提供了免费的饮品，您进来坐一坐吧！同时，我们店内还有一款新到的车型，和海报上的一样，您进来让我详细为您介绍一下吧！

客户：好的，正好我也有点渴了，进来听听新车型的亮点。

汽车销售顾问：好，先生这边请……

案例二：客户对购买什么车型较犹豫。

客户在展厅里时而看看这款车，时而摸摸那款车，时而停下来看看新车的广告短片。汽车销售顾问在一边观察良久后，向客户走了过来……

汽车销售顾问：先生，非常冒昧地打扰您，我发现您看这台车好久了，这款车型是我们店内刚刚上市的车型，一看您就非常有眼光，但是，可能您还不知道，为了新车型的上市，我们公司开展了“万元促销大礼”赠送活动，让我来为您详细介绍下吧。

客户：真的吗？那太好了，快给我详细介绍一下活动。

汽车销售顾问：好，先生这边请……

任务三　电话邀约

流程一：工作准备

请仔细核对工作准备项目与内容，对照“电话邀约工作准备情况检查表”核准工作准备，见表 1-3-1。若已准备好，请在方框里画上“√”；若有遗漏，请补充后画上“√”。

表 1-3-1　电话邀约工作准备情况检查表

项　目	内　容
工作地点	汽车销售顾问办公区□
工作设施	办公桌□　座椅□
工作用品	办公计算机□　办公电话□　手机□　写字板□　意向客户信息卡□　DMS 客户管理系统□

微组织 1：教师检查纠错，学生改正错误。微评价：☆☆☆☆☆

流程二：电话邀约

1. 通过学习主教材的视频和相关内容，结合教师讲解，制订识别客户工作要点，并填写在“电话邀约客户工作要求”中，见表 1-3-2。

表 1-3-2　电话邀约客户工作要求

工序	职 业 素 养	是否具备
1		□具备　□不完全具备　□不具备
2		□具备　□不完全具备　□不具备
3		□具备　□不完全具备　□不具备
4		□具备　□不完全具备　□不具备
5		□具备　□不完全具备　□不具备

微组织 2：教师检查纠错，学生改正错误。微评价：☆☆☆☆☆

2. 请实施情景演练并总结工作过程中存在的问题，将问题填写在“电话邀约客户问题汇总简析表”，并对原因进行简要分析，见表 1-3-3。

表 1-3-3　电话邀约客户问题汇总简析表

电话邀约登记表		
序　号	类　　型	信　　息
1	呼入 / 呼出时间	
2	姓名	
3	性别	□男　　□女
4	年龄	
5	联系方式	
6	居住区域	
7	购车目的	
8	购车需求	□品牌　□价格　□款式　□其他
9	认识途径	
10	询问内容	
11	预约时间	
12	接待人员	

问题1:

问题2:

简单分析 1：
简单分析 2：
其　他：

微组织 3：教师检查纠错，学生改正错误。微评价：☆☆☆☆☆

3. 请在图 1-3-1 中认真写出电话邀约准备的要点，并圈出最能打动客户的要点。

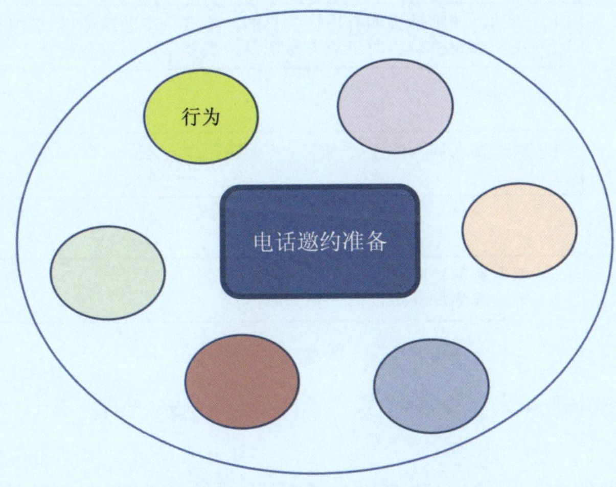

图 1-3-1　电话邀约准备要求

微组织 4：教师检查纠错，学生改正错误。微评价：☆☆☆☆☆

4. 请在图 1-3-2、图 1-3-3 中认真填写电话邀约的流程，并思考呼入电话和呼出电话的区别。

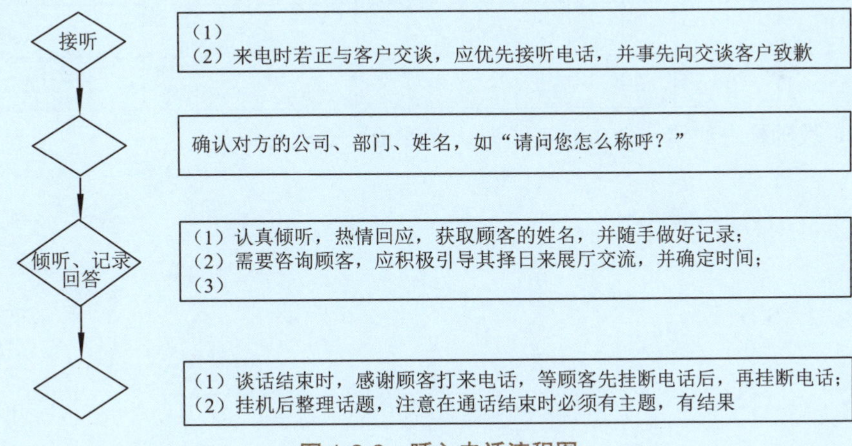

图 1-3-2　呼入电话流程图

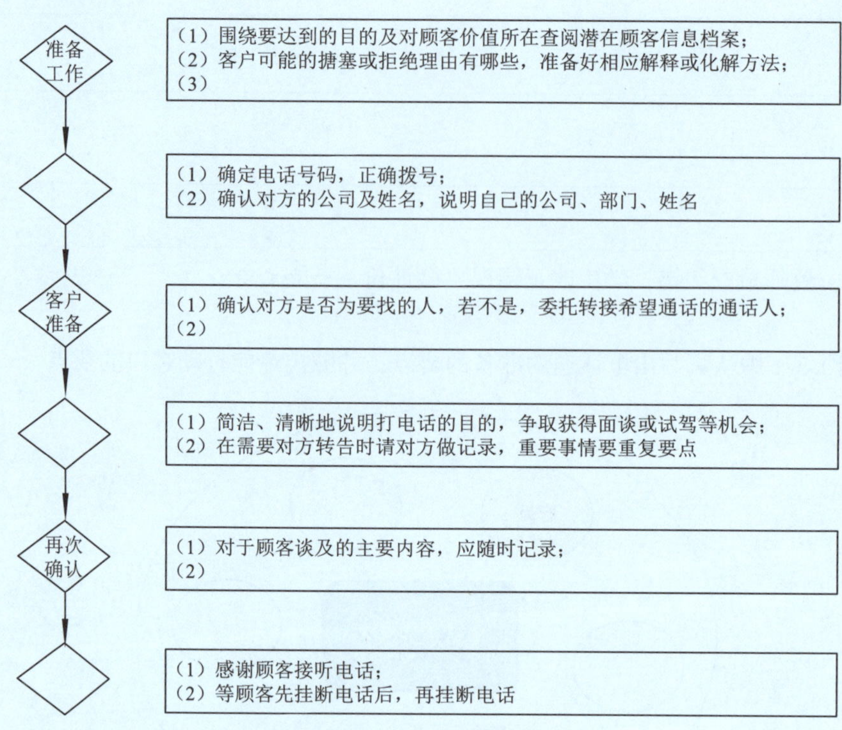

图 1-3-3　呼出电话流程图

微组织 5：教师检查纠错，学生改正错误。微评价：☆☆☆☆☆

5. 请认真填写电话邀约客户的工作注意事项有哪些，填写到下面方格内。

微组织 6：教师检查纠错，学生改正错误。微评价：☆☆☆☆☆

案　例

案例一：客户拒绝接听陌生电话。

一位客户拒绝接听陌生电话，汽车销售顾问李想分不同时段拨打了三次电话，客户才接听电话。

汽车销售顾问：先生，您好，这里 ×× 汽车销售有限公司，我是本店的销售顾问李想，给您拨打这个电话，是因为我们最近有个感恩活动，邀请您来看车！

客户：哦，是这样呀，可是你们怎么会有我的电话的。

汽车销售顾问：王 ×× 先生，您认识吧，他说是您的朋友，上周你们聚餐的时候，说到您打算购置一款我们公司的车，王先生就把您的电话告诉了我们。

客户：我想起来了，确实有这么回事，我看老王的车不错，和他说了帮忙联系一下也买一台。好的，这个手机号就是我的微信号，你加一下我，把你们店的地址发送给我，有时间我去看看。

汽车销售顾问：好的，我这就加您为好友……

案例二：客户因为开会无法接听电话。

客户在开会，无法接听电话，发信息给销售顾问，希望其给他发微信消息。

汽车销售顾问：先生，我是 ×× 汽车销售有限公司的汽车销售顾问李想，上次您到店看车，我们互加了好友，是这样的，你上次喜欢的白色外观，棕色内饰的 ×× 车型今天到货了。（微信）

客户：真的吗？那太好了，我在开会，一会完事之后可以给你打电话预定一下看车时间吗？（微信）

汽车销售顾问：当然可以，不过王先生，由于是热销车型，请您尽快到店试车，以免其他客户抢先订走了。（微信）

客户：好的，那我下午就直接去看车吧！

汽车销售顾问：好的，王先生，这就给您做好预订。

理论考核

一、选择题

1.（　　）不是汽车销售顾问的工作职责。

A. 客户开发　　B. 车辆介绍　　C. 客户跟踪　　D. 处理售后投诉

2. 潜在客户管理中，客户等级与跟进标准不一致的是（　　）。

A. H 级每周跟进一次　　B. A 级三天跟进一次

C. B 级每周跟进一次　　D. N 级节假日短信问候

3. 客户来电是属于（　　）类型预约方式。

A. 主动预约　　B. 被动预约　　C. 都可以　　D. 都不是

4. 按照客户购车意向强弱，可将客户分为（　　）。

A. A 级，B 级，C 级，D 级

B. H 级，A 级，B 级，C 级

C. H 级，B 级，C 级，D 级

D. H 级，M 级，L 级

5. 潜在客户分级管理中，跟进时间间隔最短的是（　　）。

A. A 级　　B. B 级　　C. C 级　　D. H 级

二、判断题

1. 潜在客户分：有望客户、无望客户、战败客户三大类。（　　）

2. 网络营销方式主要有：搜索引擎推广、微博营销、论坛营销、微信营销、手机 App 营销。（　　）

3. 公司网站就是公司的窗户，包括公司的历史、产品、订购方式、付款方式、联系方式等方面的信息，必然能够吸引一些对公司及其产品感兴趣的人。通过对网络浏览器的统计查询就可能发现准客户。（　　）

4. 当使用电话交谈时，要将对方看作正在交谈的具体人，尤其是对商务人员来讲，面对的都是外部的公众，每次接打电话都是向公众展示企业的形象。（　　）

5. 接打电话时，要面带笑容，坐姿端正，口齿清晰，声音柔和，充满活力。打电话过程中绝对不可以吸烟、喝茶、吃零食等。（　　）

微组织：教师检查纠错，学生改正错误。微评价：☆☆☆☆☆

项目二　售前准备

项目任务单

项目描述	完成做好客户到店前的准备工作
项目要求	王先生通过汽车销售顾问的电话邀约，预约到店内进行看车，作为销售顾问，我们应在客户到店前做好准备工作。 1. 为王先生的到来进行展车准备。 2. 为王先生的到来进行展厅准备。 3. 为王先生的到来进行销售顾问个人准备
学习目标	1. 能够准确描述展车准备工作内容。 2. 能够准确描述展厅准备工作内容。 3. 能够准确描述销售顾问的销售工具详单内容。 4. 能够进行汽车销售顾问工具准备。 5. 能够根据相关标准进行展车布置。 6. 能够对展厅环境和车辆进行整理。 7. 能够自觉遵守岗位职责和行为规范。 8. 能够养成安全、环保、“5S”作业、团结协作的好习惯
项目载体	王先生通过销售顾问李想的电话邀约，将会在今天下午到店看车，如下图所示展厅应配有展车和洽谈区等区域。为了更好地接待王先生，李想开始进行售前准备的相关工作 
计划学时	4~6 学时

工作页	上课地点		学生姓名		完成 / 未完成
	任课教师		上课时间		优 / 良 / 中 / 及格

项目导入

销售顾问做好售前准备，不仅要了解店内车辆信息（数量、型号、价格）等，还要对客户到来前的展厅的环境、布置，以及销售顾问的工具做好准备，以便更好地接待到店客户。

这是平常的一天，早上 9:00 销售顾问李想完成了晨会，按照昨天客户预约情况利用店内查询系统对客户预约车辆进行整备并对展厅进行了布置，对个人销售工具进行了整理。

一、想一想：结合汽车销售顾问李想今日的工作，回答下列问题

（1）售前的准备工作流程有哪些？

（2）请在下面方格内填写售前准备的区域有哪些？

二、写一写：售前准备的内容和工作用品

请在下图的方框中写上本次售前准备用到的主要用品名称，同时选择相应的准备内容和邀约方式。

用品 1：

用品 2：

用品 3：

用品 4：

准备内容：

展车准备□

展厅准备□

个人准备□

邀约方式：

电话邀约□

网络邀约□

微信邀约□

展厅邀约□

售前准备

微组织 1：教师检查纠错，学生改正错误。微评价：☆☆☆☆☆

三、安全教育与工作要求

请大声说出“到达工作地点，做好工作准备”，同时进行自检和互检。若已完成，请在方框内画上“√”。

□全体人员进入工作地点时，工作服应穿戴整洁，保证符合工作要求；

□工作时应携带带着自己名字的工作铭牌，禁止佩戴戒指等金属首饰；

□进入工作地点后严禁摆弄与本次工作无关的设备和工具，并把手机调成振动模式；

□严禁嬉戏打闹。

微组织 2：教师检查纠错，学生改正错误。微评价：☆☆☆☆☆

项目实施

任务一　准备展车

流程一：工作准备

请仔细核对工作准备项目与内容，对照“准备展车工作情况检查表”核准工作准备，见表 2-1-1。若已准备好，请在方框里画上“√”；若有遗漏，请补充后画上“√”。

表 2-1-1　准备展车工作情况检查表

项　目	内　容
工作地点	汽车销售顾问办公区□
工作设施	办公桌□　座椅□
工作用品	办公计算机□　办公电话□　手机□　写字板□　车辆查询系统□

微组织 1：教师检查纠错，学生改正错误。微评价 ☆☆☆☆☆

流程二：准备展车

1. 通过学习主教材的视频和相关内容，结合教师的讲解，制订 4S 店的工作要求，并填写在“准备展车工作分析表”中，见表 2-1-2。

表 2-1-2　准备展车工作分析表

工序	工 作 内 容	工作注意事项
1		
2		

微组织 2：教师检查纠错，学生改正错误。微评价 ☆☆☆☆☆

2. 请总结在工作的过程中存在的问题，并将问题填写在“准备展车工作汇总表”中，进行分析，见表 2-1-3。

表 2-1-3　准备展车工作汇总表

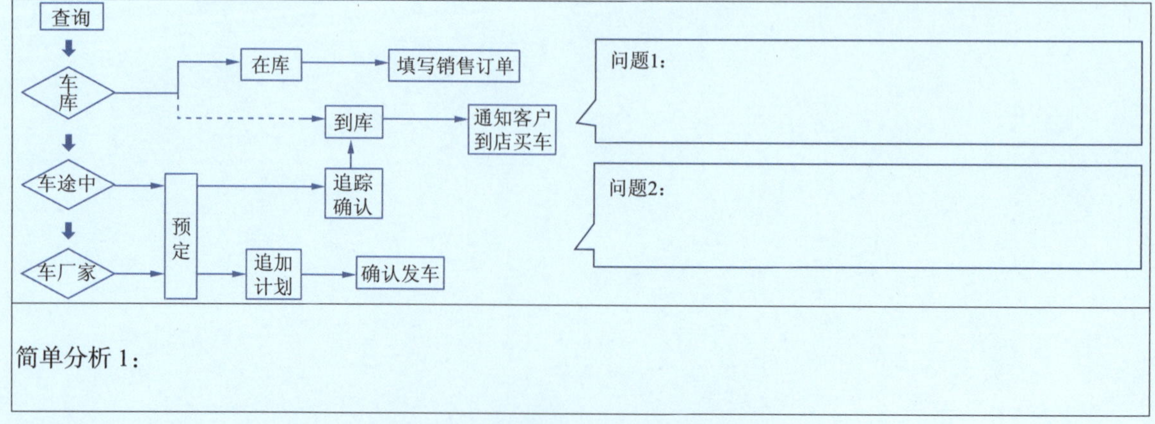

简单分析 2：
其　他：

微组织 3：教师检查纠错，学生改正错误。微评价 ☆☆☆☆☆

3. 请在图 2-1-1 所示方格内写出查询车辆的流程，根据汽车的产品特征，进行填写。

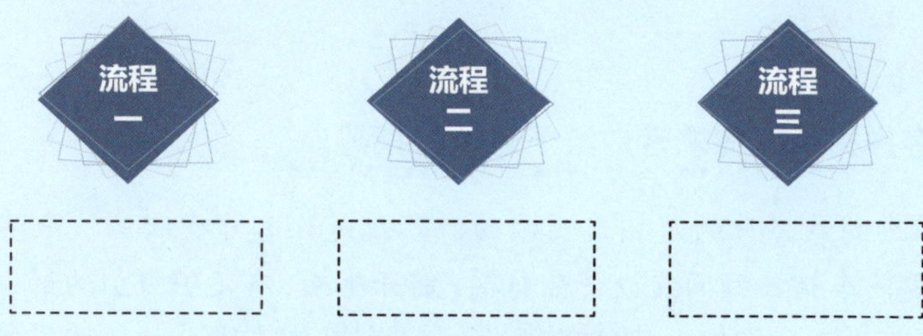

图 2-1-1　查询车辆

微组织 4：教师检查纠错，学生改正错误。微评价 ☆☆☆☆☆

4. 请在图 2-1-2 中对车辆状态进行连线，并说明车辆状态的比例。

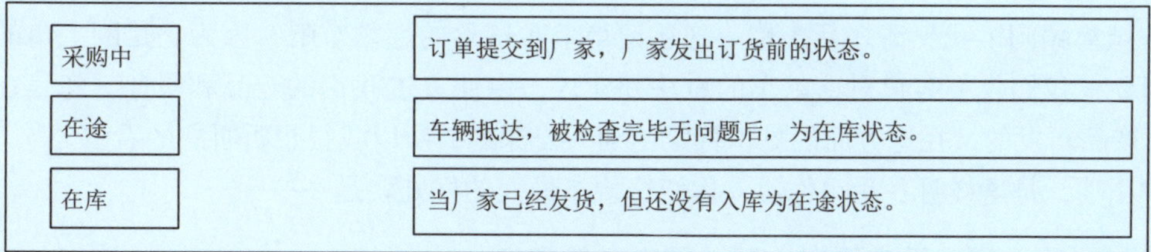

图 2-1-2　车辆状态

微组织 5：教师检查纠错，学生改正错误。微评价 ☆☆☆☆☆

5. 请在图 2-1-3 中填写车辆查询系统中需要记录信息的内容。

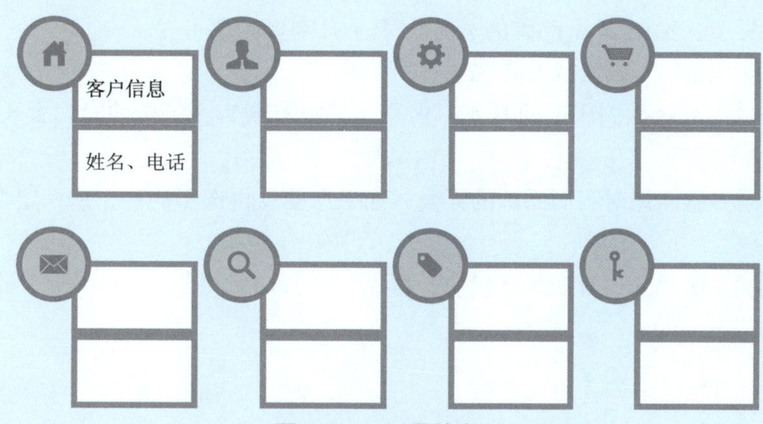

图 2-1-3　记录信息

微组织 6：教师检查纠错，学生改正错误。微评价 ☆☆☆☆☆

6. 请在下方格内填写，如遇到订单特殊情况时，应如何处理。

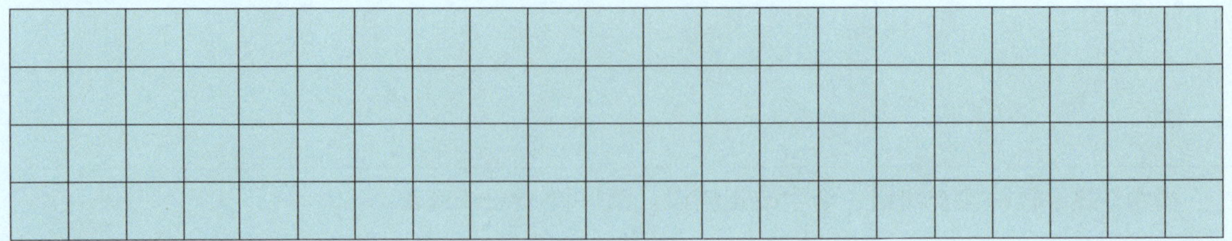

微组织 7：教师检查纠错，学生改正错误。微评价 ☆☆☆☆☆

案　例

案例一：拉近客户关系，请求客户给予建议和指导。

销售顾问进行跟进的最终目的是相当明确的，那就是让客户“回头”来买车，客户会有一定的抵触情绪，这就需要汽车销售顾问能设计独特的，别开生面、有足够吸引力的开场白来打动客户。

汽车销售顾问：王先生，您好，我这里是 ×× 汽车销售有限公司，我是销售顾问李想，您前两天来我们店试乘试驾过，您看现在通话方便吗？

客户：哦！我记得，我不是说过了吗？我现在不想买车，你们别再给我打电话了！

汽车销售顾问：张先生，我这次给您打电话不是为了推销汽车的。

客户：哦，这样呀，那你有什么事啊？

汽车销售顾问：我想请您帮个忙。您还记得上次试驾的那款车吧？因为它是刚上市的新车，所以公司要求我们收集客户对这款车的看法和建议，以便改进我们的产品和服务。您是在大企业专门负责产品研发的，在这方面的见识肯定比别人要深刻，所以我很想听听您的看法。

客户：哦，是这样呀，我跟你说，你们这款车最大的好处就是……

案例二：客户到店看完展车之后，再次邀约客户。

只要客户没有订车，我们就要一直确认客户的购车进程，当客户已经买到其他品牌的车的时候，我们也要和客户建立良好的关系。

汽车销售顾问：张先生，最近选到中意的车了吗？您上次看的 B 车到现车了，您方便过来试乘试驾一下吗？

客户：哦，买了，我在 ×× 品牌的 A 车，上个月刚提的现车呢。

汽车销售顾问：是吗？那真的恭喜您了。

客户：本来也想考虑你们店里的 B 车，但是你们没有现车，等待的时间太长了，我这边还着急用车，所以只能购买 A 车了。

汽车销售顾问：感谢您对我们品牌的喜爱，如果您朋友再选车的话，您一定帮我介绍介绍。

客户：没问题！

汽车销售顾问：感谢您，祝您生活愉快，再见！

任务二　准备展厅

流程一：工作准备

请仔细核对工作准备项目与内容，对照“准备展厅工作情况检查表”核准工作准备，见表 2-2-1。若已准备，请在方框里画上“√”；若有遗漏，请补充后画上“√”。

表 2-2-1　准备展厅工作情况检查表

项　　目	内　　容
工作地点	汽车 4S 店新车销售展厅□
工作设施	办公桌□　座椅□　车辆□
工作用品	办公计算机□　办公电话□　手机□　写字板□　车辆查询系统□

微组织 1：教师检查纠错，学生改正错误。微评价☆☆☆☆☆

流程二：准备展厅

1. 通过学习主教材的视频和相关内容，制订准备展厅工作计划，并填写在“准备展厅工作计划表”中，见表 2-2-2。

表 2-2-2　准备展厅工作计划表

工序	工 作 内 容	工作注意事项
1		
2		
3		
4		
5		
6		

微组织 2：教师检查纠错，学生改正错误。微评价：☆☆☆☆☆

2. 请实施情景演练并总结工作过程中存在的问题，将问题填写在“准备展厅问题汇总简析表”，并对产生原因进行简要分析，见表 2-2-3。

表 2-2-3　准备展厅问题汇总简析表

	问题1：
	问题2：

简单分析 1：
简单分析 2：
其　他：

微组织 3：教师检查纠错，学生改正错误。微评价：☆☆☆☆☆

3. 请在图 2-2-1 中列举出展厅整体布置的要点，并说明日常检查展厅布置的要点。

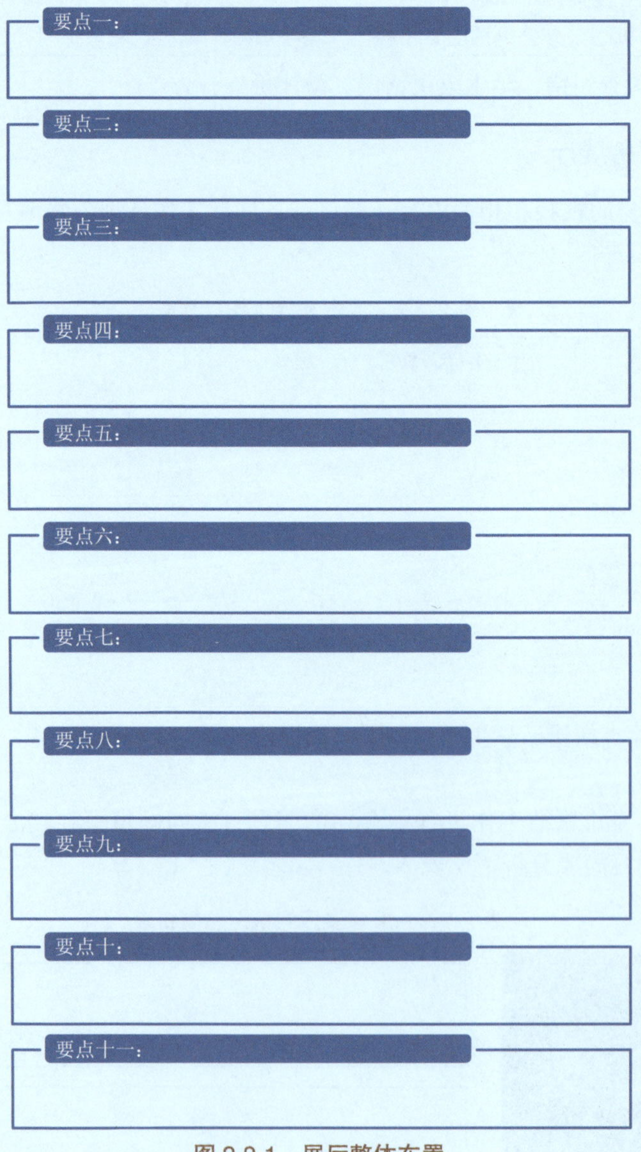

图 2-2-1　展厅整体布置

微组织 4：教师检查纠错，学生改正错误。微评价☆☆☆☆☆

4. 请在图 2-2-2 中填写展厅区域的划分，并说出各个区域的布置要点。

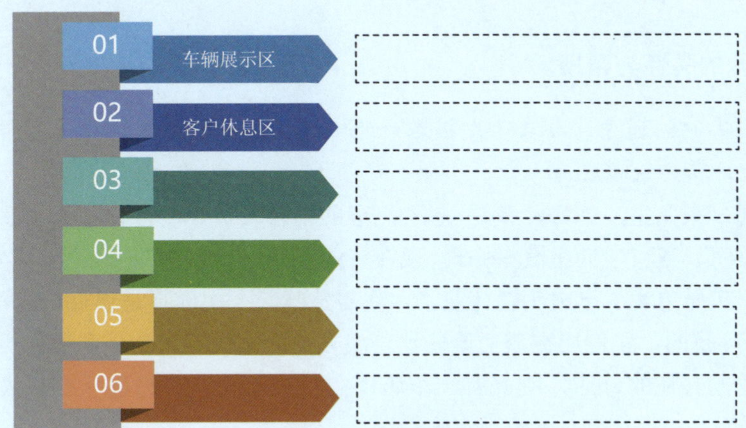

图 2-2-2　展厅区域布置

微组织 5：教师检查纠错，学生改正错误。微评价☆☆☆☆☆

5. 请在下面方格内填写展车周围应该有哪些物品，并说明这些物品的功能。

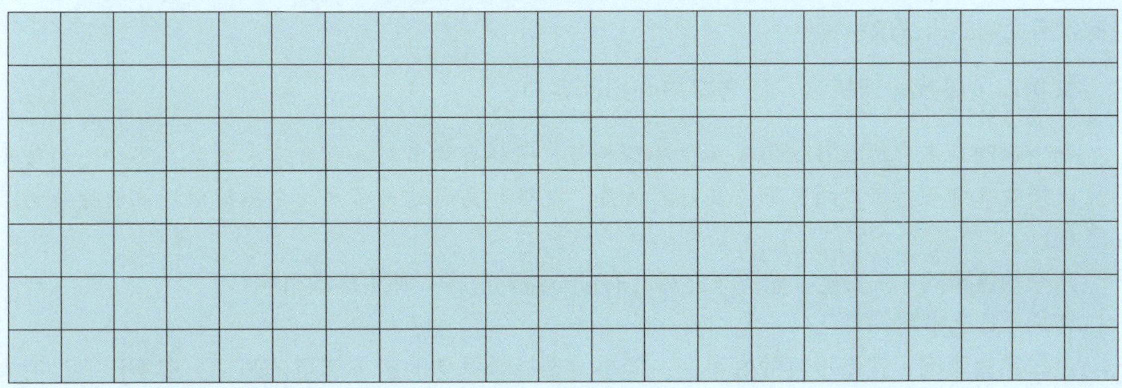

微组织 6：教师检查纠错，学生改正错误。微评价☆☆☆☆☆

案　例

案例一：真诚的关怀与帮助。

销售顾问在与客户沟通中，要善于发掘客户的难题，适当地给予客户一些帮助，提供真诚的关怀，第一时间获得客户的回应。

汽车销售顾问：张先生，您好，我是 ×× 汽车的销售人员李明，您前天来我们店试车的时候提到，您有个弟弟高职毕业，学的是汽车修理，现在待业在家，您很想帮他联系一家实习单位，是吗？

客户：是呀，我兄弟才二十出头就待业了，我着急呀。上次你不是说你们店不缺人吗？

汽车销售顾问：是的，我们店在售后维修这一块目前确实没有岗位。我看您挺为这事烦恼的，所以打电话问了我们其他的分店，刚好有一个店现在正在招人，我想您什么时候有时间，可以叫上您弟弟一起来看看。

客户：好啊，这太好了。

汽车销售顾问：您太客气了，要是您弟弟面试成功，我们就是同事了，是一家人了。

客户：真是有劳你了。

汽车销售顾问：没关系，张先生，有您这样的大哥，您弟弟真的很幸运。对了，最近这两天您有没有去别的店试试车呢……

案例二：寻找一切机会，让老客户介绍新客户。

每一位购车者身边往往少不了几位年龄相仿，同样有购车打算或者需求的潜在客户，销售顾问应该精心维持与老客户的长期、友好的关系，就很容易通过老客户的介绍接触到他们身边的潜在客户。

汽车销售顾问：张先生，您买车之后，有没有碰到这样一种头疼的事啊？

客户：什么事啊？

汽车销售顾问：就是平时的好哥们、同事、亲戚看见您的新车都想试两把。您不让吧，怕人家说您重车轻友，您让试吧，又心疼车。

客户：是呀是呀，我把车开回家第一天就有哥们想试我的车了。没办法呀，只能偷偷地心疼呀。

汽车销售顾问：我就知道，您可能遇上这样的事，所以提醒您一下，新车磨合期，最好是您来驾驶，不要让他人来试驾。您知道的，每个人的驾驶风格都不一样，有的开车还特别快，这样对新车的伤害是很大的。

客户：那怎么办啊？我又不能把车藏起来。

汽车销售顾问：哈哈，是这样，张先生，您可以带着您想试驾的朋友来我们店，好几款车都可以试，可以更尽兴，只要是您的朋友，我们一定好好招待。要是哪一位看上了我们的车，我也一定给最低的价格。您说怎么样？

客户：这个法子不错，反正你们店离我家也不远，可以领着我的朋友们过去。

汽车销售顾问：哈哈，张先生，欢迎您随时带朋友过来。

任务三　准备销售顾问工具

流程一：工作准备

请仔细核对工作准备项目与内容，对照“准备销售顾问工具情况检查表”核准工作准备，见表 2-3-1。若已准备好，请在方框里画上“√”；若有遗漏，请补充后画上“√”。

表 2-3-1　准备销售顾问工具情况检查表

项　　目	内　　容
工作地点	汽车销售顾问办公区□
工作设施	办公桌□　座椅□　车辆□
工作用品	办公计算机□　办公电话□　手机□　写字板 □

微组织 1：教师检查纠错，学生改正错误。微评价☆☆☆☆☆

流程二：准备销售顾问工具

1. 通过学习主教材的视频和相关内容，结合教师的讲解，制订 4S 店的工作要求，并填写在“准备展车工作分析表”中，见表 2-3-2。

表 2-3-2　准备展车工作分析表

工序	工 作 内 容	工作注意事项
1		
2		
3		
4		
5		

微组织 2：教师检查纠错，学生改正错误。微评价 ☆☆☆☆☆

2. 请实施情景演练并总结工作过程中存在的问题，将问题填写在“准备销售顾问工具汇总简析表”中，并对原因进行简要分析，见表 2-3-3。

表 2-3-3　准备销售顾问工具问题汇总简析表

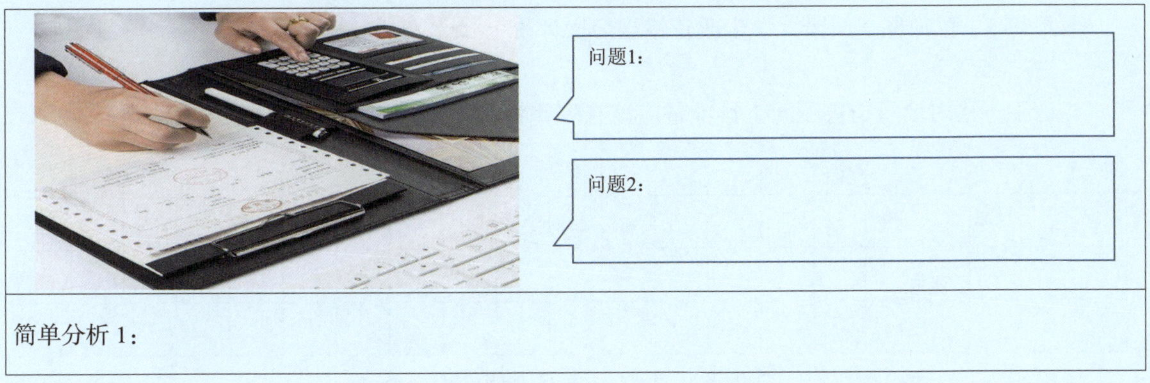
问题1:

问题2:

简单分析 1:

简单分析 2：
其　他：

微组织 3：教师检查纠错，学生改正错误。微评价：☆☆☆☆☆

3. 请在图 2-3-1 中填写准备应答客户询问的专业知识内容，并逐条说明。

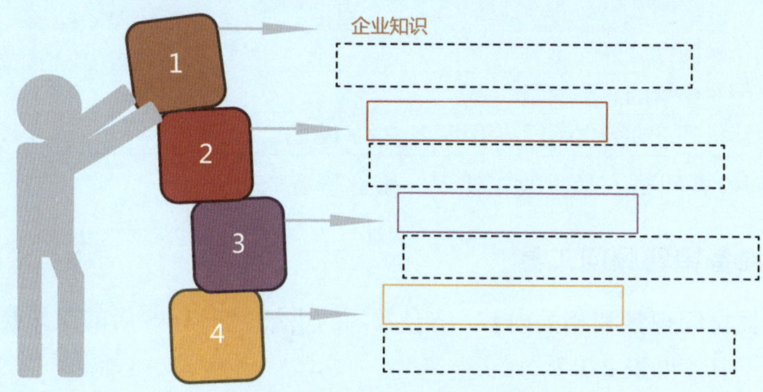

图 2-3-1　专业知识准备

微组织 4：教师检查纠错，学生改正错误。微评价 ☆☆☆☆☆

4. 请在图 2-3-2 中填写行业新闻的内容，并逐条说明。

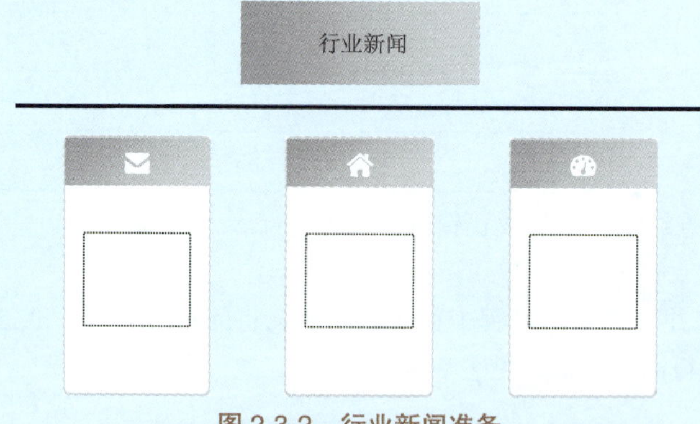

图 2-3-2　行业新闻准备

微组织 5：教师检查纠错，学生改正错误。微评价 ☆☆☆☆☆

4. 请下方格内填写销售顾问工具准备应该有哪些物品，并说明这些物品的功能。

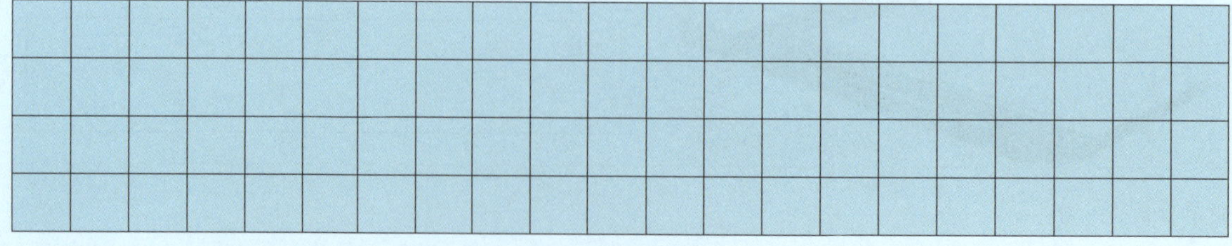

微组织 6：教师检查纠错，学生改正错误。微评价☆☆☆☆☆

5. 对于购车意向不同等级，应该有不同的判别与应对方法，应当如何进行准备，请在表 2-3-4 中进行填写。

表 2-3-4　购车意向判别与应对

分类	判 别 方 法	应 对 方 法
强		
中		
弱		

微组织 7：教师检查纠错，学生改正错误。微评价☆☆☆☆☆

6. 请在图 2-3-3 中填写针对跟进客户准备的要点，并说明其重要性。

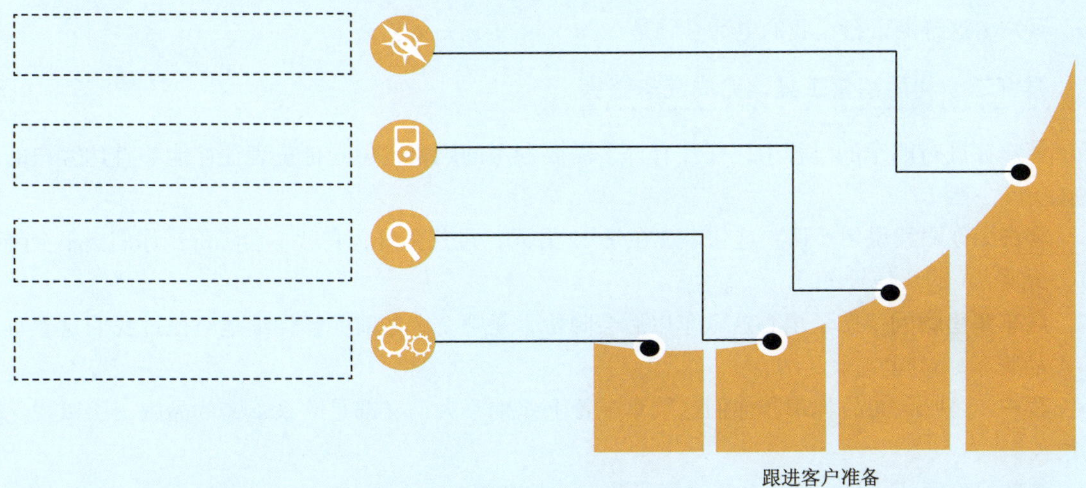

图 2-3-3　跟进客户准备

微组织 8：教师检查纠错，学生改正错误。微评价 ☆☆☆☆☆

案　例

案例一：获取客户个人信息资料。

客户往往希望在购车的时候，能够多次深入地体验车辆，销售人员通过多种方式邀约，获取客户的个人信息资料。

汽车销售顾问：张先生，选车不是一件小事，尤其是对男士来说，一款好车就像一个好兄弟，您说对吧？

客户：你这话说得一点不假，好车就像好兄弟一样。

汽车销售顾问：要选对车，不能光看这款车的资料，也不能光听我所讲的，最主要的是能亲自试车，要是能在专业的试驾场就更好了，您说是不是？

客户：你们最近有试驾活动吗？

汽车销售顾问：张先生，您真不愧是在商海里磨炼出来的，反应真快。是的，我们这个月将要举办一次大型试驾体验活动，在专业的试驾场，您可以给我留一个联系方式，我会提前一周通知您，到时候您可以选择几款感兴趣的车好好试驾一番。

客户：这样啊，行，我的电话号码是 ×××××××××××。

案例二：利用销售工具，完成汽车销售。

客户在进行购车的过程中，往往有许多需要参考的因素，但是价位表往往能够直达客户的心理底线。

客户：你跟我说句实话，这款车现在是 22 万元，过几个月，它就不会降价？你们会不会降到 20 万元呢？（购买信号）

汽车销售顾问：您是担心这款车以后会降价，是吧？您之前曾经详细地对比过我们这款车还有 A 品牌车，对吧？

客户：是呀，A 品牌车和你们这款车配置上差别不大，又都是欧系不错的品牌，所以我比较了很久。

汽车销售顾问：最后您为什么选择了我们这款车呢？

客户：因为你们这款车在价位上便宜了 8 000 元。

汽车销售顾问：还有，您看我这里有一份价格表，是我们这款车从去年年中一直到上个月的价位表，从中您可以看出，这款车价格非常稳定，最大降幅也没有超过 1 000 元，与市面上动辄优惠近万元的车相比，说它是价格最稳定的都不过分。

客户：嗯，这倒是事实！

汽车销售顾问：您放心，现在有近 30 万位车主在使用这款车，如果随意地降价，即使我们乐意，这 30 万位车主也是不会同意的。您说是吧？

客户：嗯，好吧！我就相信你了，你帮我算下所有的价格吧！

汽车销售顾问：好的，张先生。我这就帮您算一下……

理论考核

一、选择题

1.（　　）行为不符合仪容仪表要求。

A. 销售人员穿着品牌统一的制服，保持整洁合身

B. 衬衫烫熨平整，领子袖口清洁干净，没有污渍

C. 统一佩戴企业要求的样式，保持干净平整

D. 整理头发，保持头发清洁，可以染色，男士头发不可过长

2.（　　）不是销售顾问必备的办公用品。

A. 对讲机　　B. 手机　　C. 名片　　D. iPad

3. 销售顾问的工作职责包括（　　）。

A. 收集信息　　B. 沟通关系　　C. 销售商品　　D. 提供服务

E. 建立形象

4. 汽车营销人员的基本能力包括（　　）。

A. 观察能力　　B. 记忆能力　　C. 思维能力　　D. 交往能力

E. 劝说能力　　F. 演示能力　　G. 核算能力　　H. 应变能力

5. 下列（　　）礼仪有误。

A. 仪容仪表整洁，避免让人不快的气味（体味、口气），保持微笑和良好的心态

B. 穿深色皮鞋，随时保持干净，穿白色袜子，衣着的颜色统一和谐

C. 握手：长辈、上司、女士主动伸出手时，客人、晚辈、下属、男士再相迎握手

D. 手和指甲应随时保持清洁，不留长发、不染甲，避免给顾客一种不卫生的感觉

二、判断题

1. 销售顾问在接待客户时女士不能佩戴奢侈品，可以戴戒指。（　　）

2. 销售顾问发式整齐、无头屑、不遮盖脸部、不染发；男士两鬓不遮耳，后不过衣领；女士长发须盘发或扎起。（　　）

3. 查看客户联系方式是否真实有效。如客户是否在销售区域内，电话是否为真实信息等。（　　）

4. 汽车销售顾问要真心诚意、实事求是、不虚假、不使诈，在经营上要讲究信守合同、诚信无欺、质量为重。（　　）

5. 销售顾问应掌握的专业知识有企业知识、产品知识、时政信息、用户知识。（　　）

笔记栏

项目三　展厅接待

项目任务单

项目描述	完成展厅接待客户
项目要求	按照客户的电话预约，汽车服务顾问小李在客户接待区接待了到店看车的王先生。 1. 为客户的到店准备展厅接待礼仪。 2. 对客户进行自我介绍（销售顾问介绍）。 3. 对客户进行引领和沟通
学习目标	1. 能够准确描述接待客户仪容仪表内容。 2. 能够正确描述展厅接待内容。 3. 能够正确描述客户认同的要点。 4. 能够完成展厅接待的准备工作。 5. 能够完成展厅接待工作。 6. 能够询问和提供客户沟通疑问。 7. 能够自觉遵守岗位职责和行为规范。 8. 能够养成安全、环保、“5S”作业、团结协作的好习惯
项目载体	销售顾问李想在展厅接待了电话预约的王先生，如下图所示，客户接待区有接待前台桌椅及本店标识，同时能够清晰地看到本店所有展厅区。为了更好地为王先生服务，李想在客户接待区等待王先生的到来，并在此接待邀约到店的王先生 
计划学时	8~12 学时

工作页	上课地点		学生姓名		完成 / 未完成
	任课教师		上课时间		优 / 良 / 中 / 及格

项目导入

汽车销售顾问想要赢得客户，就必须知道汽车销售有限公司展厅接待流程和礼仪，这样才能为自己及企业带来更多的客户，也就意味着将会为自己和企业创造更多的价值。

这是值得高兴的一天，销售顾问李想来到了工作单位，完成了晨会之后，早早地来到了前台接待区，按照公司的要求，在前台整理自己的仪容仪表，准备接待预约到来的客户王先生。

一、想一想，结合汽车销售顾问李想今日的工作，回答下列问题

（1）为了接待客户，应从哪几个方面准备接待礼仪呢？

（2）应该如何接待客户到达洽谈区呢？

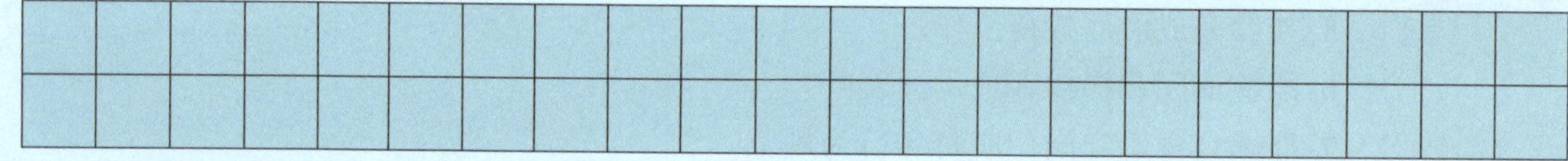

二、写一写，写下展厅接待的礼仪准备和工作用品

请在下图方框中写上接待客户用到的主要用品名称，同时选择展厅接待礼仪的准备方式。

用品 1：

用品 2：

用品 3：

用品 4：

展厅礼仪：

仪容□

仪表□

仪态□

展厅接待

微组织 1：教师检查纠错，学生改正错误。微评价：☆☆☆☆☆

三、安全教育与工作要求

请大声说出“到达工作地点，做好工作准备”，同时进行自检和互检。若已完成，请在方框内画上“√”。

□全体人员进入工作地点时，工作服应穿戴整洁，保证符合工作要求；

□工作时应携带带着自己名字的工作铭牌，禁止佩戴戒指等金属首饰；

□进入工作地点后严禁摆弄与本次工作无关的设备和工具，并把手机调成振动模式；

□严禁嬉戏打闹。

微组织 2：教师检查纠错，学生改正错误。微评价：☆☆☆☆☆

项目实施

任务一　准备展厅接待

流程一：工作准备

根据服务流程要求做好工作准备，请检查工作准备情况，并将检查结果填入“准备展厅接待工作检查表”，见表 3-1-1。若已准备好，请在方框里画上“√”；若有遗漏，请补充后画上“√”。

表 3-1-1　准备展厅接待工作检查表

项　目	内　容
工作地点	客户接待区□
工作设施	客户接待前台□　座椅□　座机□
工作用品	办公计算机□　办公电话□　手机□　写字板□　意向客户信息卡□　DMS 客户管理系统□

微组织 1：教师检查纠错，学生改正错误。微评价：☆☆☆☆☆

流程二：准备展厅接待

1. 通过学习主教材的视频及相关内容，制订准备展厅接待工作计划，并填写在“准备展厅接待工作计划表”中，见表 3-1-2。

表 3-1-2　准备展厅接待工作计划表

工序	内　容		工 作 用 品
1	准备展厅接待	（1）	
		（2）	
		（3）	
		（4）	
		（5）	
2	等候客户	（1）	
		（2）	

微组织 2：教师检查纠错，学生改正错误。微评价：☆☆☆☆☆

2. 请实施情景演练并总结工作过程中存在的问题，将问题填写在“准备展厅接待问题汇总简析表”，并对原因进行简要分析，见表 3-1-3。

表 3-1-3　准备展厅接待问题汇总简析表

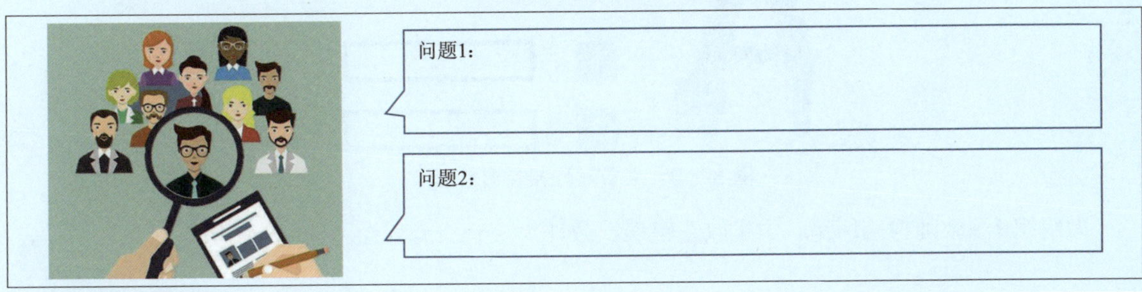

简单分析 1：
简单分析 2：
其　他：

微组织 3：教师检查纠错，学生改正错误。微评价：☆☆☆☆☆

3. 请在图 3-1-1、图 3-1-2 中填写展厅接待礼仪中对男士和女士销售顾问的仪容仪表要求。

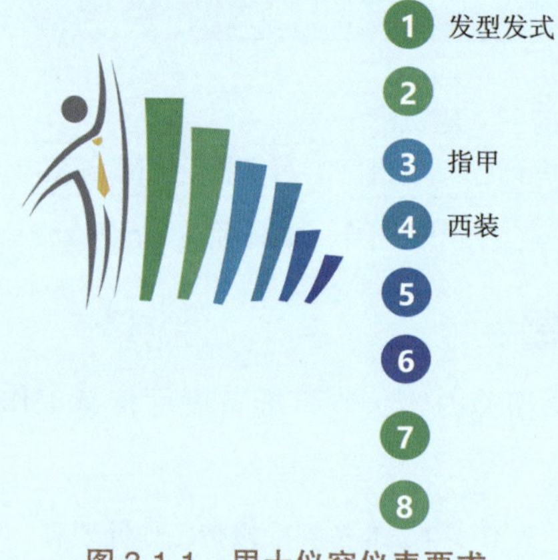

图 3-1-1　男士仪容仪表要求

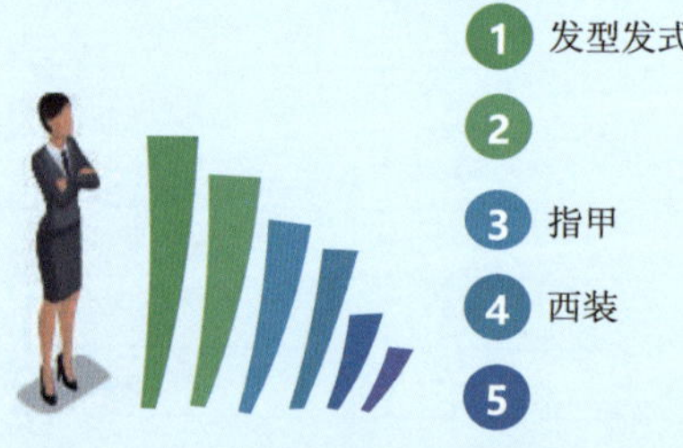

图 3-1-2　女士仪容仪表要求

微组织 4：教师检查纠错，学生改正错误。微评价：☆☆☆☆☆

4. 请在图 3-1-3 所示方格内写出准备展厅接待礼仪的要点，说明哪一种最能给客户留下好的印象，并在其下方打"√"。

图 3-1-3　准备展厅接待礼仪要点

微组织 5：教师检查纠错，学生改正错误。微评价：☆☆☆☆☆

5. 请在图 3-1-4 中对展厅接待礼仪应该遵守的原则进行连线，并说明哪一种最能给客户留下好的印象。

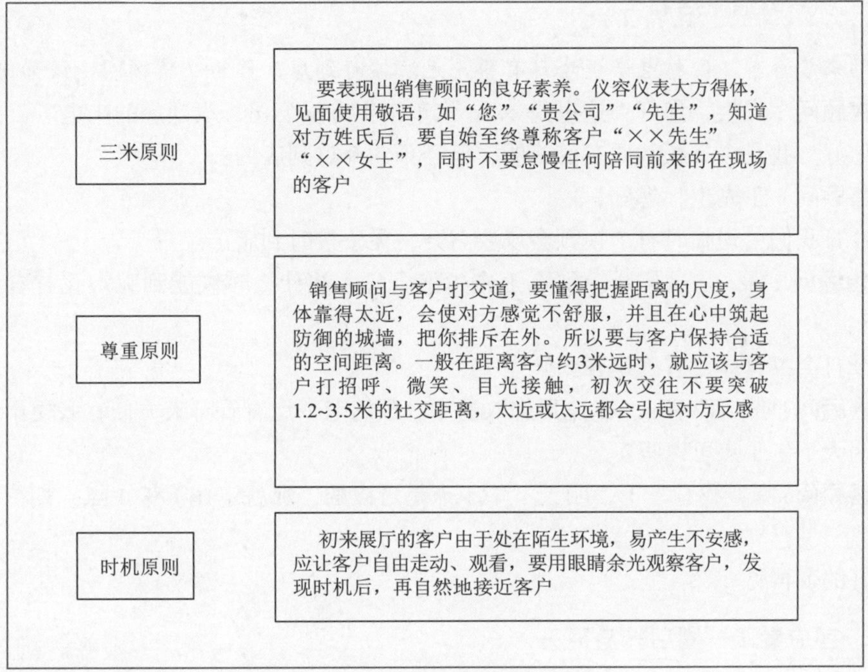

图 3-1-4　展厅接待礼仪原则

微组织 6：教师检查纠错，学生改正错误。微评价：☆☆☆☆☆

案　例

案例一：客户取消来店看车。

客户预约来店看车，但打电话说今日有事，无法按时到店，作为销售顾问，该如何回复呢？

汽车销售顾问：先生，您好，这里是 ×× 汽车销售有限公司，欢迎您的来电。

客户：您好，我是今日预约看车的王明，已经预约 9 点到店的。

汽车销售顾问：王先生，您好！

客户：今日我们公司临时有个视频会议要召开，无法按时到店了。

汽车销售顾问：哦，是这样呀。那么王先生您今日大约什么时候能到呢？我看看帮您重新预约一下。

客户：今日会议具体没有确定开到几点呢。

汽车销售顾问：哦，那好吧，我先帮您取消今日预约吧，您看看哪天方便，我再给您预约呢？

客户：明天下午 1 点可以吗？

汽车销售顾问：嗯，我看一下，明天下午 1 点是可以的，那就定在下午 1 点，期待您的光临，再见。

客户：好的，再见。

案例二：客户看了一圈后转身离开。

客户绕着展厅走了一圈，大致看了看展台上的车型，然后一句话也没有说，转身就打算离开……

汽车销售顾问：先生，请您留步。

客户：怎么了。

汽车销售顾问：是这样的，我们店内今日有活动，为每一位到店的客户都准备了一份小礼物，是我们最新推出的一款车的仿真模型，您可以带回家给孩子玩，或者摆在家里，也是非常漂亮的。

客户：哦，谢谢你。

汽车销售顾问：为了保证我们的礼物发放到每一个客户手中，需要填写下您的联系方式，您看方便填写一下您的信息吗？

客户：好的，没问题，反正我这次过来也是来看车的。

汽车销售顾问：好的，太感谢您配合了，请您到洽谈区填写，顺便让我来帮您做个需求分析吧，在不在我们这里买车都无妨的，这边请。

客户：好的。

任务二　接待展厅客户

流程一：工作准备

根据服务流程要求做好工作准备，请检查工作准备情况，并将检查结果填入“接待展厅客户工作准备情况检查表”，见表 3-2-1。若已准备好，请在方框里画上“√”；若有遗漏，请补充后画上“√”。

表 3-2-1　接待展厅客户工作准备情况检查表

项　目	内　容
工作地点	汽车销售顾问办公区□
工作设施	办公桌□　座椅□　车辆 □
工作用品	办公计算机□　办公电话□　手机□　写字板□　车辆查询系统□

微组织 1：教师检查纠错，学生改正错误。微评价：☆☆☆☆☆

流程二：接待展厅客户

1. 通过学习主教材的视频和相关内容，制订接待展厅客户工作计划，并填写在“接待展厅客户工作计划表”中，见表 3-2-2。

表 3-2-2　接待展厅客户工作计划表

工序	内　容	工 作 用 品
1		
2		
3		

微组织 2：教师检查纠错，学生改正错误。微评价：☆☆☆☆☆

2. 请实施情景演练并总结工作过程中存在的问题，将问题填写在“接待展厅客户问题汇总简析表”中，并对原因进行简要分析，见表 3-2-3。

表 3-2-3　接待展厅客户问题汇总简析表

序号	问　题	简　析
1		
2		
3		

微组织 3：教师检查纠错，学生改正错误。微评价：☆☆☆☆☆

3. 请在图 3-2-1 中写出接待客户时，问候的要点。

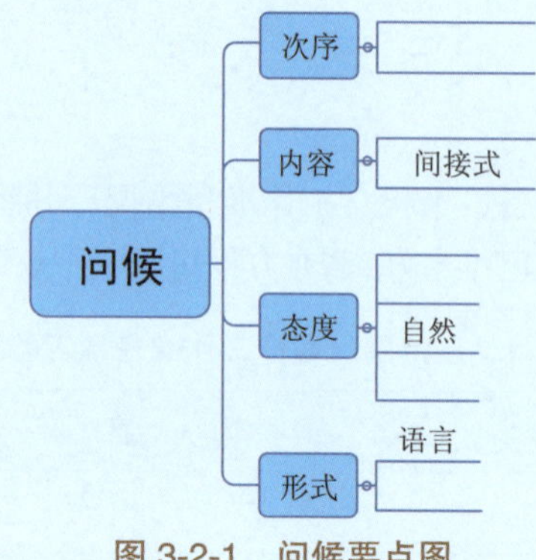

图 3-2-1　问候要点图

微组织 4：教师检查纠错，学生改正错误。微评价：☆☆☆☆☆

4. 请将图 3-2-2 中提供饮品的顺序进行排序，并填写到下方方框内。

（1）倒水时要注意不要太满，以杯的七八分满为宜。

（2）为客户倒水时要做到用两只手端起，并把杯托上的把手朝向客户，放在容易且方便拿的地方，再附上几句热情待客的话。

（3）续水时不要把壶提得过高，以免开水溅出。

（4）汽车销售顾问主动为客户提供饮品，一般要报出三种以上的饮品并让客户选择。

（5）端放茶杯动作不要过高，更不要从客户肩部和头上越过。

（6）不要直接倒水或把杯盖扣放桌上。一般在和客户交流 15 ~ 20 min 后进行续杯。

正确的顺序为：

图 3-2-2　提供饮品顺序图

微组织 5：教师检查纠错，学生改正错误。微评价：☆☆☆☆☆

5. 请在图 3-2-3 中写出寒暄常见的内容，并说明哪一种寒暄更容易获得客户认同。

图 3-2-3　寒暄内容图

微组织 6：教师检查纠错，学生改正错误。微评价：☆☆☆☆☆

6. 请在图 3-2-4 中进行客户暂离展厅时，送别客户流程的连线。

流程	具体内容
送客户到展厅外	销售顾问李想放下手中其他事务，送客户王先生到展厅门外，再次递上名片，雨天为客户打伞
感谢客户	回到展厅门口登记来店客户王先生信息
目送客户	目送客户王先生离开展厅，直至客户王先生走出视线范围上车
确定站位	感谢客户王先生光临，并诚恳邀请其再次惠顾
登记客户信息	销售顾问李想站立在客户王先生车辆后视镜范围内，让客户王先生体验到您在目送他

图 3-2-4　送别客户流程图

微组织 7：教师检查纠错，学生改正错误。微评价：☆☆☆☆☆

案　例

案例一：客户考察之后又再度到访。

当客户再度光临展厅时，汽车销售顾问需要亲切、熟悉地称呼客户，并能够提及上次接洽时的细节……

汽车销售顾问：张先生，欢迎您再次光临我们店，我是上次接待您的小李，您还有印象吗？

客户：哦，对，上次就是你给我介绍的车。

汽车销售顾问：上次您说临时开个会，没有试乘试驾，今天要是不忙的话，试试车吧，还是您上次看的那两款车吗？

客户：嗯，我这几天跑了两家店，看了看其他品牌的几款车，今天想再看看上次的两款。

汽车销售顾问：您真是个追求完美的人，为了选到爱车，这么冷的天气也不在乎。正好今天是周二，试乘试驾的人不多，这边请，我带您去办理试乘试驾的手续。

客户：是吗？马上就能试驾，太好了。

汽车销售顾问：张先生，您今天有时间一定好好体验一下，这边请……

案例二：客户直奔一款车型而来。

客户进门后，扫视了一眼展厅，然后大步走向展台的一款车型，兴奋地摸了摸银色的车身，仔细地看着配置表……

汽车销售顾问：先生，看来您是行家呀。很多客户进门第一眼都会去看展厅中央的新款车型，您却看中了这辆经典款车型。

客户：是呀，我好几个月前就开始关注这款车了。

汽车销售顾问：您肯定是个非常有见解和干劲的人。

客户：您给我介绍介绍这款车吧，我仅仅了解车的参数，但是没有上车感受过。

汽车销售顾问：我们这款车无论从舒适性，还是安全性上讲都是非常好的，但是我想带您到洽谈区稍作休息，顺便给您做个需求分析，看看您的用车需求。

客户：我一般喜欢旅游，自用和商用都会涉及，至于购车预算，我还想看看你们店里运动款和豪华款的价格优惠程度。

汽车销售顾问：没问题，先生这边请。

客户：好的。

任务三　进行客户沟通

流程一：工作准备

根据服务流程要求做好工作准备，请检查工作准备情况，并将检查结果填入“进行客户沟通工作准备情况检查表”，见表 3-3-1。若已准备好，请在方框里画上“√”；若有遗漏，请补充后画上“√”。

表 3-3-1　进行客户沟通工作准备情况检查表

项　目	内　容
工作地点	汽车销售顾问办公区□
工作设施	办公桌□　座椅□　车辆□
工作用品	办公计算机□　办公电话□　手机□　写字板□　车辆查询系统□

微组织 1：教师检查纠错，学生改正错误。微评价：☆☆☆☆☆

流程二：进行客户沟通

1. 通过学习主教材的视频和相关内容，制订工作计划，并填写在“进行客户沟通工作计划表”中，见表 3-3-2。

表 3-3-2　进行客户沟通工作计划表

工序	内　容	工作用品
1		
2		
3		
4		
5		
6		
7		
8		

微组织 2：教师检查纠错，学生改正错误。微评价：☆☆☆☆☆

2. 请实施情景演练并总结工作过程中存在的问题，将问题填写在“进行客户沟通问题汇总简析表”，并对产生原因进行简要分析，见表 3-3-3。

表 3-3-3　进行客户沟通问题汇总简析表

序号	问　题	简　析
1		
2		
3		

微组织 3：教师检查纠错，学生改正错误。微评价：☆☆☆☆☆

3. 请在图 3-3-1 方格内写出进行客户沟通的流程，并填写客户认同要求。

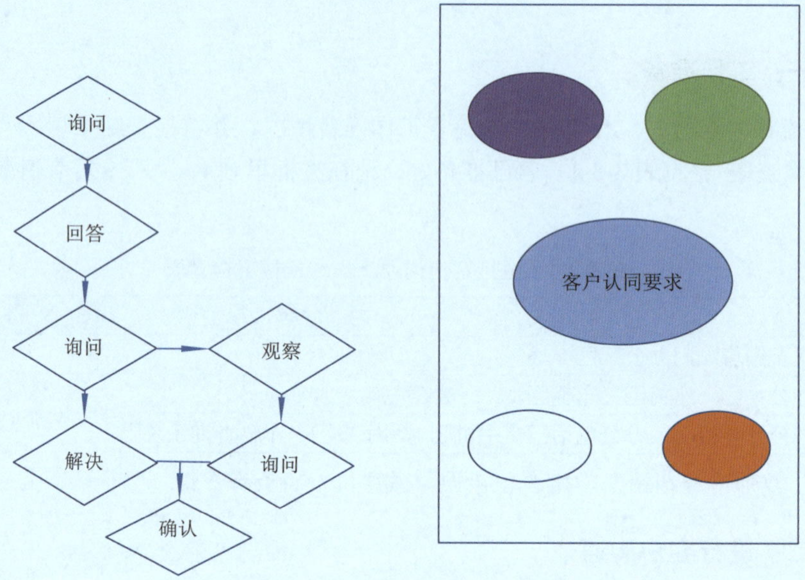

图 3-3-1　客户沟通的流程

微组织 4：教师检查纠错，学生改正错误。微评价：☆☆☆☆☆

4. 请在方格内写出进行客户沟通时基本语气的要求，并进行分组练习。

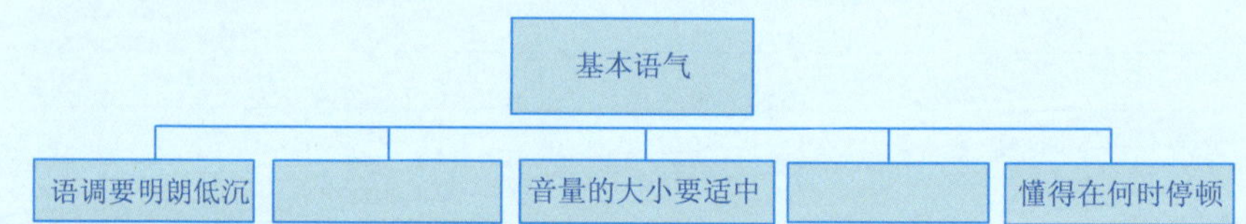

微组织 5：教师检查纠错，学生改正错误。微评价：☆☆☆☆☆

案　例

案例一：客户开门见山地询问价格。

客户在一款车前停下了脚步，看了几眼后，向汽车销售顾问招了招手，直接就询问这款车售价是多少……

汽车销售顾问：先生，这款车的价钱，我先和您卖个关子，看您挑车的眼光，就知道您对汽车也是比较内行的。您主要是想看看 A 系列的车是吗？

客户：对啊。

汽车销售顾问：A 系列共有四款不同配置的车型：时尚型、运动型、舒适型和豪华型，能够满足驾驶者不同的偏好，您更喜欢哪种风格的呢？

客户：带我看看运动型的吧……

汽车销售顾问：这个系列的车有四款不同配置，价位在 8 万到 13 万元之间。与同价位的其他车型相比，这一系列的车有两个非常独特的优势，是同类车型都不具备的。

客户：是吗？你说来听听……

汽车销售顾问：……先生，我觉得您对这款车好像非常熟悉，以前有没有试驾过呢？

客户：我在另一个车行看过，都快定下来了，但是他们报的价格比网上的要贵好几千元呢。你们这里最低价是多少啊？

汽车销售顾问：这款车网上的报价在 12.5 万元到 12.8 万元之间，不知道那个车行给您报的价是多少呢？

客户：他们报的是 12.9 万元。

案例二：老客户介绍的新客户来访。

一位客户走进展厅，四下张望了一会儿，便向服务台走去……

客户：谁是李明啊？

汽车销售顾问：（快步上前迎接客户）先生，您好，我就是李明，您可以叫我小李。您怎么知道我的名字呢？

客户：哦，几个月前我朋友赵立在你这里买了一辆车。他说你态度不错，很懂车，所以让我看车就来找你。

汽车销售顾问：哦，赵大哥，对，他 4 月中旬在我这儿买下了 A 品牌的一款车。6 月他还带着他同事刘先生过来也买了一辆车。赵大哥最近好吗？车子开得顺心不？（记住与老客户接触的细节，表达关切与重视）

客户：他挺好的，车子也不错，我还试过他的车呢。

汽车销售顾问：这就好。对了，先生，还不知道怎么称呼您呢？

客户：我姓张。

汽车销售顾问：那我就叫您张大哥啦。您有看好的车型吗？

客户：还没有。

汽车销售顾问：没关系，您时间不急的话，我可以带您在展厅转一圈，每款车都看一看。

客户：好啊……

理论考核

一、选择题

1.（　　）不是展厅接待的特点？

A. 客户不重视　　B. 我们更重视

C. 让客户感觉到舒适和销售人员的心情

D. 消除客户的疑虑，建立客户的信心，以利于销售活动的顺利开展

2. 当顾客在展厅中自己看车时，销售顾问应该（　　）。

A. 请客户自由参观，不去打扰　　B. 保持距离，观察顾客的动向与兴趣点

C. 主动趋前为客户讲解　　D. 与顾客寒暄，了解客户需求

3. 客户正常进店时，应该首先（　　）。

A. 在展厅大门内热情迎接客户询问客户来访目的

B. 简短进行自我介绍 并请教客户姓名

C. 与客户同行人一一打招呼

D. 引导客户入座 第一时间奉上饮料 请客户选择水、茶水、速溶咖啡

4. 关于展车说法正确的是（　　）。

A. 展厅面积有限，车型要选价格贵的展车

B. 轮胎中间的 Logo 应保持水平向上的位置

C. 展车上摆放宣传资料等非装饰性物品便于客户咨询

D. 前排座椅尽量往后靠，便于上车演示

5. 当顾客在展厅中自己看车时，销售顾问应该（　　）。

A. 请顾客自由参观不去打扰

B. 保持距离观察顾客的动向与兴趣点

C. 主动趋前为顾客讲解

D. 与顾客寒暄，了解顾客需求

二、判断题

1. 接待过程中根据客户需求提供饮品。（　　）

2. 根据厂家要求展示，一般需将前车窗玻璃完全放下，且天窗斜开，方便顾客参观。（　　）

3. 展车介绍时，销售人员根据客户的需要讲解，不需对产品全面讲解。（　　）

4. 展厅冬季的温度要保持在 20 ℃以上。（　　）

5. 接近客户的原则总结为：三米原则、尊重原则和时机原则。（　　）

微组织：教师检查纠错，学生改正错误。微评价：☆☆☆☆☆

项目四　需求分析

项目任务单

项目描述	完成向客户推荐店内车型
项目要求	依据王先生的购车需求，对王先生进行车辆需求分析，并根据王先生的需求分析表，向王先生推荐店内车型。 1. 判断王先生的客户类型并运用相应方法进行应对。 2. 对王先生的购车需求进行分析。 3. 推荐店内符合王先生需求的车型
学习目标	1. 能够准确描述客户分类原则。 2. 能够运用对客户推荐购买方案时的处理方法。 3. 能够准确描述以客户为中心思考问题原则。 4. 能够区分客户的类型，采用不同沟通技巧。 5. 能够在客户产生异议时引导客户重新设定购买标准。 6. 能够以客户为中心思考问题。 7. 能够自觉遵守岗位职责和行为规范。 8. 能够养成安全、环保、“5S”作业、团结协作的好习惯
项目载体	王先生被销售顾问李想引领到了客户洽谈区，如图所示客户洽谈区有洽谈桌和座椅一套，远离喧嚣，同时能够清晰地看到本店样车。为了更好地为王先生推荐店内车型，销售顾问李想打算为王先生做需求分析，探询王先生的真实购车需求，并填写客户需求分析表 
计划学时	8~12 学时

<table>
<tr><td rowspan="2">工作页</td><td>上课地点</td><td></td><td>学生姓名</td><td></td><td>完成 / 未完成</td></tr>
<tr><td>任课教师</td><td></td><td>上课时间</td><td></td><td>优 / 良 / 中 / 及格</td></tr>
</table>

项目导入

需求分析是销售顾问与客户充分地沟通，仔细倾听客户的需求，通过适当的提问，确认客户的需求和期望，提供合适的解决方案。

销售顾问李想来到了工作单位，把客户王先生邀请到了洽谈区，提供了饮品的服务，同时按照王先生的购车需求，进行需求分析。

一、想一想：结合汽车销售顾问李想今日的工作，回答下列问题

（1）为了为客户推荐最合适的车型，应如何进行需求分析呢？

（2）在需求分析中，客户类型的有哪些？（至少写出四项）

二、写一写：需求分析的方式和工作用品

请在下图的方框中写上本次需求分析用到的主要用品名称，同时选择本次需求分析使用的方式。

用品 1：

用品 2：

用品 3：

用品 4：

需求方式：

电话分析□

网络分析□

店面分析□

微信分析□

需求分析

微组织 1：教师检查纠错，学生改正错误。微评价：☆☆☆☆☆

三、安全教育与工作要求

请大声说出“到达工作地点，做好工作准备”，同时进行自检和互检。若已完成，请在方框内画上“√”。

□全体人员进入工作地点时，工作服应穿戴整洁，保证符合工作要求；

□工作时应携带带着自己名字的工作铭牌，禁止佩戴戒指等金属首饰；

□进入工作地点后严禁摆弄与本次工作无关的设备和工具，并把手机调成振动模式；

□严禁嬉戏打闹。

微组织 2：教师检查纠错，学生改正错误。微评价：☆☆☆☆☆

项目实施

任务一　判断客户类型与应对

流程一：工作准备

根据服务流程要求做好工作准备，请检查工作准备情况，并将检查结果填入“判断客户类型与应对工作准备情况检查表”，见表4-1-1。若已准备好，请在方框里画上“√”；若有遗漏，请补充后画上“√”。

表 4-1-1　判断客户类型与应对工作准备情况检查表

项　目	内　容
工作地点	汽车销售洽谈区□
工作设施	洽谈桌□　座椅 □
工作用品	销售文件夹□　销售顾问名片□　写字板□　碳素笔□

微组织1：教师检查纠错，学生改正错误。微评价：☆☆☆☆☆

流程二：客户类型判断与应对

1. 通过学习主教材的视频和相关内容，制订出推荐店内车型工作计划，并填写在“判断客户类型与应对工作计划表”中，见表4-1-2。

表 4-1-2　判断客户类型与应对工作计划表

工序	工 作 内 容	工作注意事项
1		
2		
3		

微组织2：教师检查纠错，学生改正错误。微评价：☆☆☆☆☆

2. 请实施情景演练并总结工作过程中存在的问题，将问题填写在“判断客户类型与应对问题汇总简析表”中，并对原因进行简要分析，见表4-1-3。

表 4-1-3　判断客户类型与应对问题汇总简析表

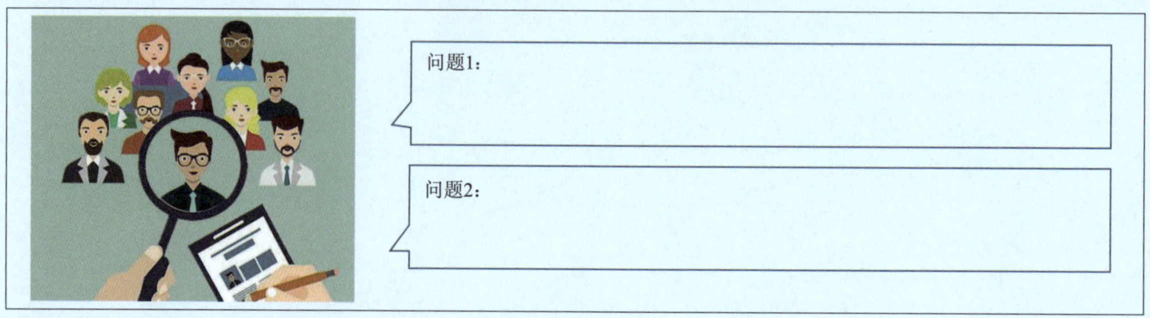
问题1:

问题2:

简单分析 1：
简单分析 2：
其　他：

微组织 3：教师检查纠错，学生改正错误。微评价：☆☆☆☆☆

3. 请同学们认真写出客户类型的分类，并在图 4-1-1 中最容易沟通的客户类型的下方画上“√”。

图 4-1-1　客户类型

微组织 4：教师检查纠错，学生改正错误。微评价：☆☆☆☆☆

4. 请分析客户的表情、声音与姿势，在表 4-1-4 中对应的□打上“√”，并判断客户类型。

表 4-1-4　客户类型判断表

客户类型判断				
面部表情	无变化 □	少变化 □	很多表情 □	温和有笑容 □
眼神接触	直接、凝聚 □	眼神显示有答案 □	很多注视 □	注视寻求接纳 □
说话速度	快速有力 □	从容不迫 □	快速 □	慢、有时停下 □
声音	控制声音 □	适中 □	大声 □	温柔、温和 □
音调	单调、重点强调 □	单调 □	忽高忽低 □	流畅 □
姿势	放松 □	僵硬 □	充满活力 □	放松 □
身体活动	有些快速、有力 □	少姿势 □	多变化 □	慢热、圆滑 □
说话重点	工作 □	生活 □	个人感觉 □	人际关系 □
客户类型：				

微组织 5：教师检查纠错，学生改正错误。微评价：☆☆☆☆☆

5. 请在图 4-1-2 的方框中进行客户类型应对方式连线。

支配型客户

分析型客户

表达型客户

温和型客户

尽量以书面形式与其确认达成的共识（如试车时间、价格等）；多邀请其参加店内展车活动

介绍汽车的有关数据和价格时，摆事实，讲参数，举例子时保证其正确性和可考证性，多提开放式问题。不能过于友好，以免造成客户对汽车性能及价格产生误解

准备充分，实话实说（如技术参数、优惠价格等问题），以文件样式准备几份书面概要（如突出产品、公司、个人优势），并有彩页及公开媒体报道，满足其控制欲。介绍产品、回答问题时要肯定、有力（注意：不要挑战客户的权威）

认真揣摩客户心理，主动询问（把握需求）细节，从客户的感受出发，体现细致的关怀，介绍汽车时着重体现安全性能和舒适性能。关键是建立信任关系，如积极提供个人帮助（如汽车保养知识等

图 4-1-2　客户类型的应对

微组织 6：教师检查纠错，学生改正错误。微评价：☆☆☆☆☆

6. 客户在购买车辆时，包括购买者、决定者、使用者和影响者，请你根据客户的角色信息，将这四者分别填入下方方格相应位置，并说明视频中客户的角色信息。

			：	购	买	过	程	中	实	际	支	付	费	用	的	人	或	单	位	。	
			：	购	买	过	程	中	拥	有	决	定	权	的	人	。					
			：	购	买	过	程	中	最	终	使	用	车	辆	的	人	。				
			：	购	买	过	程	中	对	于	购	买	者	、	决	定	者	和	使	用	者
				起	到	影	响	作	用	的	人	。									

微组织 7：教师检查纠错，学生改正错误。微评价：☆☆☆☆☆

案　例

案例一：获取客户个人的信息资料。

帮助客户找出购车的主要因素，是销售顾问必备的技能，引导客户张先生将九大指标排出先后次序从而判断出对方的重点和次重点考虑因素，以便推荐车型。

汽车销售顾问：张先生，刚刚在前台看您写字登记，您的字太漂亮了？

客户：还行吧，每天工作练出来的。

汽车销售顾问：冒昧地问一下，您是一名教师吗？

客户：不，我是一名律师。

汽车销售顾问：哦，那您平时一定很忙吧？

客户：嗯，确实。

汽车销售顾问：那您买车除了上下班代步，还会出席一些商务活动吧，我建议您今日看车，重点看一看 B 级轿车。

客户：你的建议和我想到一块去了，那麻烦你给我好好推荐下吧。

案例二：判断购车的关键决策人。

销售顾问要判断清楚谁是主要的购买决策人，方便在最后的销售促成环节找准对象，通过对客户性格以及言语神态的细心观察来推测主要的决策者。

汽车销售顾问：张先生，看您这么开明，选车时应该还会征询家人的意见吧？

客户：是啊，选车也不是个小事，买车要花十多万元不说，每个月养车也要 2 000 多元呢。再说了，虽然以后是我开车，但是孩子和老婆也会坐车，所以肯定得问问他们。

汽车销售顾问：您真是个难得的好先生、好爸爸。选车这样的大事，确实应该有家人的参与。您今天可以选好几款车型，等明天周末再带上家人一起来试驾体验一番，您觉得怎么样？

客户：嗯，下次来一定让我老婆来看看，最后让她定下来吧，我家的财务大权还是我太太说的算。

汽车销售顾问：好的，张先生。那我把您今天选好的几款车型的配置单和宣传册给您拿一份，回去您和您太太可以先研究研究。

客户：那太好了，小李，你太细心了。

任务二　分析客户购车需求

流程一：工作准备

根据服务流程要求做好工作准备，请检查工作准备情况，并将检查结果填入“分析客户购车需求工作准备情况检查表”，见表 4-2-1。若已准备，请在方框里画上“√”；若有遗漏，请补充后画上“√”。

表 4-2-1　分析客户购车需求工作准备情况检查表

项　目	内　容
工作地点	汽车销售顾问办公区□
工作设施	办公桌□　座椅□　车辆□
工作用品	办公计算机□　办公电话□　手机□　写字板□　车辆查询系统□

微组织 1：教师检查纠错，学生改正错误。微评价：☆☆☆☆☆

流程二：分析客户购车需求

1. 通过学习主教材的视频和相关内容，制订工作计划，并填写在“分析客户购车需求工作计划表”中，见表 4-2-2。

表 4-2-2　分析客户购车需求工作计划表

工序	工 作 内 容	工作注意事项
1		
2		
3		
4		

微组织 2：教师检查纠错，学生改正错误。微评价：☆☆☆☆☆

2. 请实施情景演练并总结工作过程中存在的问题，将问题填写在“分析客户购车需求问题汇总简析表”，并对原因进行简要分析，见表 4-2-3。

表 4-2-3　分析客户购车需求问题汇总简析表

客户需求分析					
客户姓名		联系电话		到店时间	
客户职业		集客到店方式		销售顾问	
关注的车型			购车的目的		
对本品牌的了解程度			是否有用车经验		
曾经考虑过的其他车型			是否属于添置或置换		
购车的感性因素			是否对某一车型关注		
付款方式			购车预算		
兴趣爱好			购买者需求		
车辆用途和环境			购买周期在哪个阶段		
对安全性的要求			客户所处的地理区域		
对车辆颜色的选择			对车辆配置的要求		
客户最关注的性能			客户属哪种行为类型		
对所购车辆的期望			购车数量		
经销商			客服电话		

问题1：

问题2：

简单分析 1：

简单分析 2：

其　他：

微组织 3：教师检查纠错，学生改正错误。微评价：☆☆☆☆☆

3. 请在图 4-2-1 中写出客户需求分析开放式提问内容。

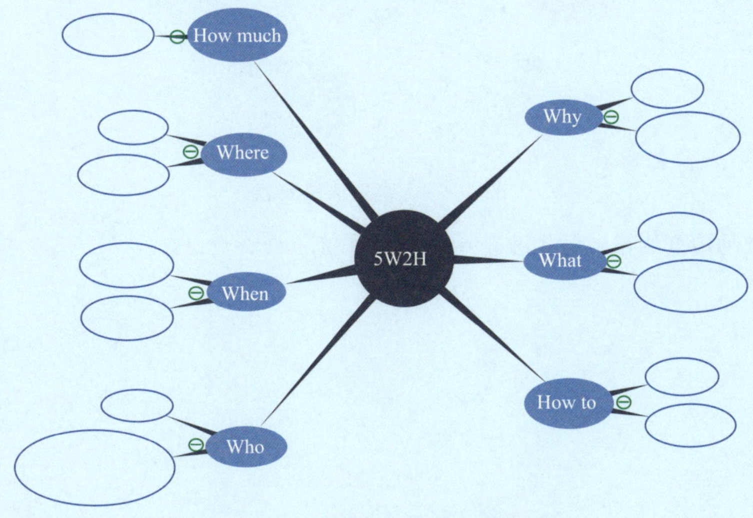

图 4-2-1　客户需求分析开放式提问

微组织 4：教师检查纠错，学生改正错误。微评价：☆☆☆☆☆

4. 请在图 4-2-2 中将下列提问的顺序进行排列，并说明原因。

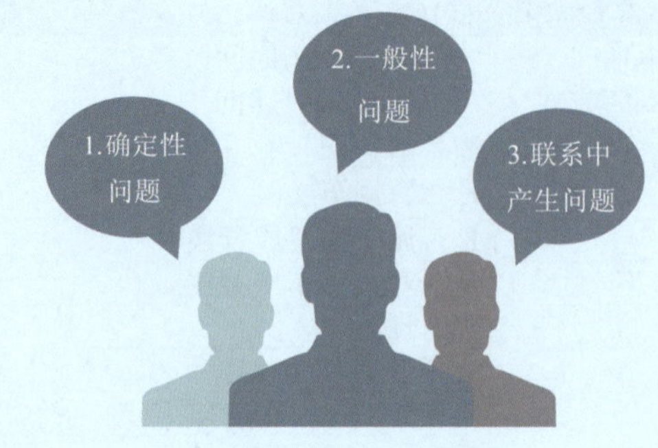

正确顺序为_____ →_____→____

图 4-2-2　提问的排列

微组织 5：教师检查纠错，学生改正错误。微评价：☆☆☆☆☆

5. 请在图 4-2-3 中写出获取客户信息中的要点。

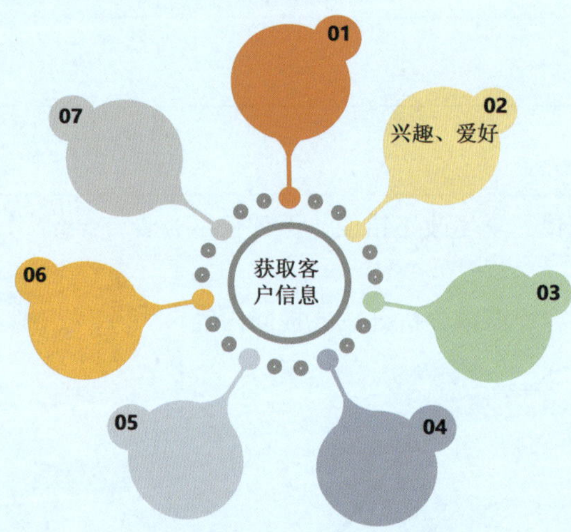

图 4-2-3　客户信息要点

微组织 6：教师检查纠错，学生改正错误。微评价：☆☆☆☆☆

6. 请在图 4-2-4 的方框中对以客户为中心的思考原则进行连线。

沟通中尽量少使用带有个人偏好的词语

在介绍汽车时，结合客户的需求

深度挖掘客户需求分析竞争对手，识别客户

在沟通中，同客户的实际情况结合

①销售顾问向客户介绍汽车产品的特点和优势；
②销售顾问此时应及时通过询问、向客户提出建议等方法帮助客户做出选择，从而处处显示出对于客户的关注

①在与客户沟通中，避免使用“我感觉”“我认为”等较为主观偏好的词语；
②基于客户询问其意见，如“您最关注车辆的哪些性能?”“您对于车辆配置有哪些重点需求?”让沟通始终以客户需求为导向

①销售顾问经常会以自己或者身边人、名人的案例来展示产品的特点及优势；
②同样不能脱离客户的认知范畴，否则无法与客户产生共鸣，难以达到客户认同

①客户可能关注的产品卖点较多，产品不能同时满足客户所有的需求；
②销售顾问此时应及时通过询问、向客户提出建议等方法帮助客户做出选择，从而处处显示出对于客户的关注

图 4-2-4 客户为中心的思考原则

微组织 7：教师检查纠错，学生改正错误。微评价：☆☆☆☆☆

7. 请在图 4-2-5 中补充需求分析中常见的四种心理类型，并说出哪些是显性需求，哪些是隐性需求。

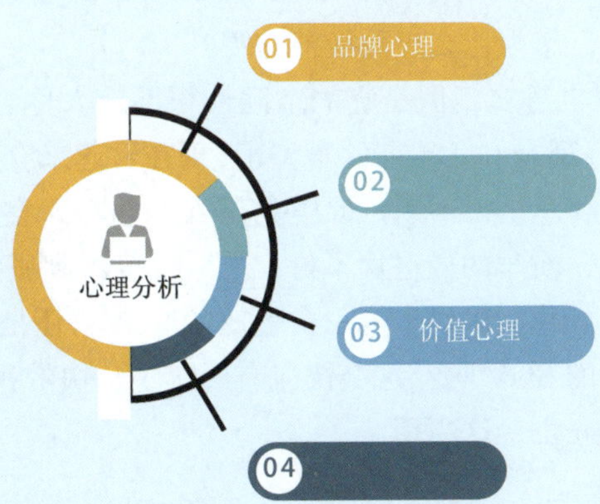

图 4-2-5 四种心理类型

微组织 8：教师检查纠错，学生改正错误。微评价：☆☆☆☆☆

案　例

案例一：什么是客户购车重点关注的因素?

帮助客户找出购车的主要因素，是销售顾问必备的技能，引导客户张先生将九大指标排出先后次序从而判断出对方的重点和次重点考虑因素，以便推荐车型。

汽车销售顾问：张先生，您选车时会重点考虑哪些因素呢？

客户：我不知道。

汽车销售顾问：（拿出九张卡片）张先生，车子直接关系到您的生活品质和人身安全，选车一定要谨慎。选一款好车，有九个指标是不能不考虑的。您看，我手里有九张卡片，每张卡片上面都有一个指标，分别是动力性、安全性、舒适性、驾控性、美观性、品牌度、经济性、性价比和售后服务，您看，如果让您从这九张卡片中挑出您最看重的三张来，您会怎么选择呢?

（客户很有兴趣地接过卡片，思考一阵后挑出了三张卡片。）

汽车销售顾问：张先生，您最看重的三个因素依次是安全性、舒适性和性价比。您的选择是非常明智的，我们很多客户都和您一样，把安全排在第一位。我觉得有两款车型您可能会比较感兴趣。

案例二：深入挖掘客户购车用途。

为了更好地了解客户的购车需求，销售顾问应该深入挖掘客户购车的用途，以便有针对性地介绍展车。

汽车销售顾问：张先生，展厅外的那辆白色的 C 品牌的车是您的座驾吧?

客户：没错。

汽车销售顾问：那是 C 品牌的紧凑型车，L.6T 是 2008 年最受欢迎的十款车型之一，您选车的眼光真是不错。这么好的车，您为什么想要换掉它呢?

客户：这车确实不错，我也喜欢，但是它的空间性很不让人称心，每次带父母、老婆和孩子开车出去玩都太挤了。再说了，都是好几年前的车型了，现在看起来有点不上档次了，该换辆车了。

汽车销售顾问：哦，C 品牌车是很不错，但毕竟是 A 级轿车，空间性确实有点小。

客户：而且我还喜欢钓鱼，轿车的通过性不好，有时候会蹭到底盘。

汽车销售顾问：好的，正好我们店里来了一台七座的 SUV，还是比较符合您的要求的。

客户：真的吗? 是刚上市的 SUV 吗? 这么快就有展车了，快带我看看吧。

汽车销售顾问：好的，张先生，这边请。

任务三　推荐店内车型

流程一：工作准备

根据服务流程要求做好工作准备，请检查工作准备情况，并将检查结果填入“推荐店内车型工作准备情况检查表”，见表 4-3-1。若已准备好，请在方框里画上“√”；若有遗漏，请补充后画上“√”。

表 4-3-1　推荐店内车型工作准备情况检查表

项　目	内　容
工作地点	汽车销售顾问办公区□
工作设施	办公桌□　座椅□　车辆□
工作用品	办公计算机□　办公电话□　手机□　写字板□　车辆查询系统□

微组织 1：教师检查纠错，学生改正错误。微评价：☆☆☆☆☆

流程二：推荐店内车型

1. 通过学习主教材的视频和相关内容，制订出工作计划，并填写在“推荐店内车型工作计划表”中，见表 4-3-2。

表 4-3-2　推荐店内车型工作计划表

工序	工 作 内 容	工作注意事项
1		
2		
3		
4		

微组织 2：教师检查纠错，学生改正错误。微评价：☆☆☆☆☆

2. 请实施情景演练并总结工作过程中存在的问题，将问题填写在“推荐店内车型问题汇总简析表”中，并对原因进行简要分析，见表 4-3-3。

表 4-3-3　推荐店内车型问题汇总简析表

车型配置对比表			
车型	两驱旗悦版	两驱旗享版	四驱旗悦版
级别	中大型 SUV	中大型 SUV	中大型 SUV
能源类型	汽油 +48 V 轻混	汽油 +48 V 轻混	汽油
环保标准	国 VI	国 VI	国 VI
发动机	2.0T252 马力 L4	2.0T252 马力 L4	3.0T337 马力 V6
进气形式	涡轮增压	涡轮增压	机械增压
变速器	7 挡湿式双离合	7 挡湿式双离合	8 挡手自一体
长宽高 /mm	5 035 × 1 989 × 1 778	5 035 × 1 989 × 1 778	5 035 × 1 989 × 1 778
车身结构	5 门 5 座 SUV	5 门 5 座 SUV	5 门 5 座 SUV
整车质保	四年或 10 万公里	四年或 10 万公里	四年或 10 万公里
售价	21.99 万元	22.99 万元	27.99 万元

问题1：

问题2：

简单分析 1：
简单分析 2：
其　他：

微组织 3：教师检查纠错，学生改正错误。微评价：☆☆☆☆☆

3. 请在图 4-3-1 中写出不同购车与车型选择的关系分析，并填写影响客户购车因素。

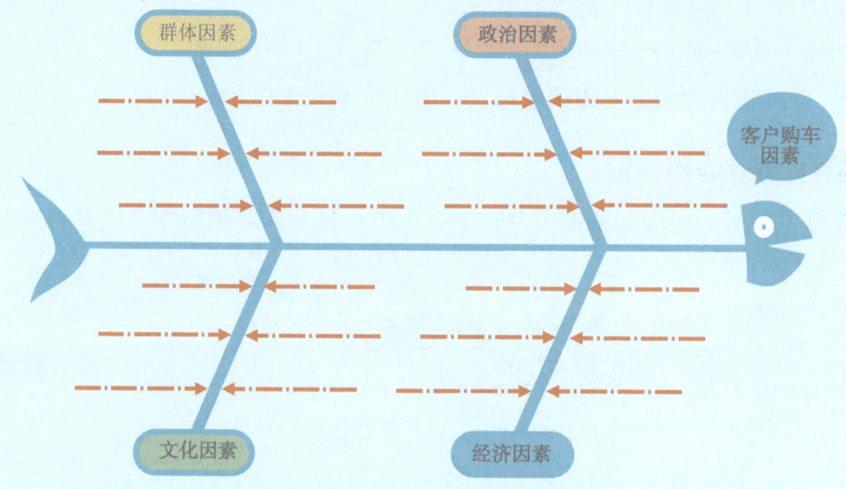

图 4-3-1　客户购车影响因素

微组织 4：教师检查纠错，学生改正错误。微评价：☆☆☆☆☆

4. 请在图 4-3-2 的方框中填写推荐店内车型的内容。

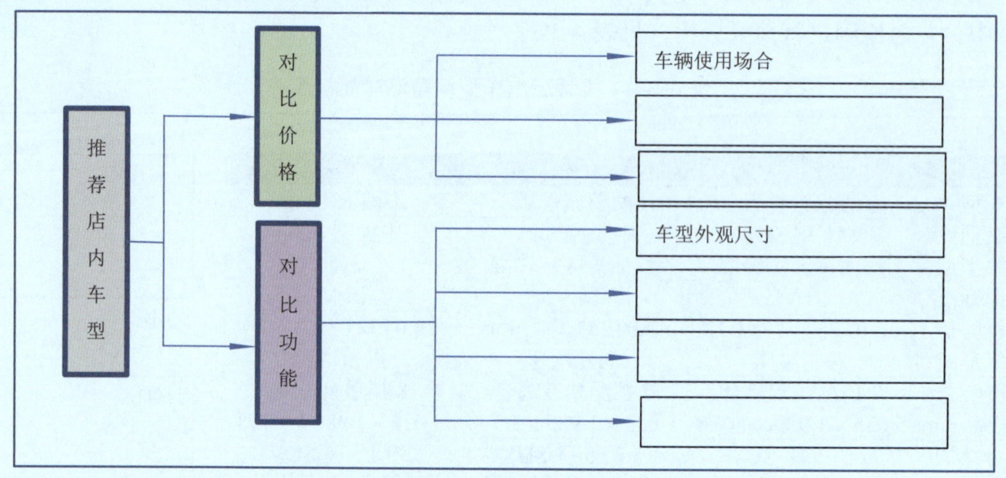

图 4-3-2　推荐店内车型

微组织 5：教师检查纠错，学生改正错误。微评价：☆☆☆☆☆

案　例

案例一：探询客户购车的预算计划。

购车价格是为客户推荐车辆的主要考虑因素，按照客户的用车需求，根据客户所能接受的价格，帮助客户做好购车推荐，是销售顾问的主要工作。

汽车销售顾问：张先生，您希望选哪个价位的车呢？

客户：我先看看再说。

汽车销售顾问：前一阵，我有个朋友买了一款A品牌车，可是他却一点也高兴不起来。（极大地勾起客户的兴趣）

客户：哦？A品牌车很不错啊，很多人想买还买不起呢，为什么不高兴啊？

汽车销售顾问：他本来只想买辆二线品牌的低配车，价钱便宜，上下班开着方便就行，但是我朋友家人不同意，说低配车安全性没保障，不如多花点钱，买一辆安全配置好一点的车。

客户：他家人说得没错啊，买车当然要考虑安全性啊。

汽车销售顾问：于是我这个朋友就到车行选七八万元左右的车，结果店里的销售人员跟他说七八万元的车开着不怎么上档次，买这样的车还不如不买。只要加上一两万元，就能买到不错的车，不仅安全性能好，还有十足的驾驶快感，开着出门也很有面子，于是我朋友几乎花光了两年的积蓄，买下了一款A品牌车。但是现在觉得每个月的还贷压力有点太大了，当时买得有点草率了。

客户：嗯。我的预算差不多7万左右吧，你帮我好好推荐下吧。

汽车销售顾问：好的，张先生。

案例二：帮助客户总结购车的需求。

作为销售顾问我们应该帮助客户总结购车需求，推荐给他们需要的车型。

汽车销售顾问：张先生，您买车的主要原因是什么？

客户：车子当然是买来开的，哪有什么原因可讲！（不理解、不配合、不高兴）

汽车销售顾问：不好意思，我问得有些唐突了。是这样的，您看，我们展厅各种配置、各种型号的车都有，但每一款车都有它们最适合的用途，例如，这一款最适合商用，而那一款最适合有孩子的家庭，那边的那款就很适合喜欢休闲度假经常出游的客户。我想知道您买车的主要原因，这样我也好为您推荐最合适的车。（推心置腹，巧妙圆场）

客户：哦，我买车主要是商用，平时见客户、接客户要用的。

汽车销售顾问：这样的话，您选择的车应该要有一定的档次，能体现您的实力，而且要安全，舒适性要好，您说是不是这三点？（精练准确，体现专业）

客户：嗯，没错。

汽车销售顾问：那您可以看看这一款……

理论考核

一、选择题

1. B 级潜在客户成交周期是（　　）。

A. 7 天内　　B. 1 个月内　　C. 1~3 个月　　D. 3~6 个月

2. 在下列需求中，（　　）是显性需求。

A. 权利　　B. 薪资　　C. 癖好　　D. 车身质量

3. 属于隐性需求的是（　　）。

A. 车辆安全性　　B. 车辆舒适性　　C. 车身颜色　　D. 个人收入

4. 销售员在销售工作中难免遭到拒绝，甚至是挫折，而决定销售人员事业成败的关键素质是（　　）。

A. 良好的心理素质　　B. 良好的语言表达能力

C. 健康的身体　　D. 勤奋好学的精神微组织

5. 在需求分析环节，销售顾问不会使用（　　）的方法。

A. 观察　　B. 阐述　　C. 倾听　　D. 提问

二、判断题

1. 销售顾问一般通过观察、倾听、提问的方法，来发掘客户内心隐藏的购买动机，探索客户的购车需求。（　　）

2. 在与客户沟通中，避免使用“我感觉”“我认为”等较为主观偏好的词语。（　　）

3. 销售顾问应该根据客户信息向客户推荐车型。（　　）

4. 影响客户购车的因素包括政治因素、经济因素、文化因素、群体因素。（　　）

5. 客户的心理分析包括品牌心理和价值心理两个方面。（　　）

微组织：教师检查纠错，学生改正错误。微评价：☆☆☆☆☆

项目五　产品介绍

项目任务单

项目描述	完成展厅车辆介绍
项目要求	客户通过汽车销售顾问的需求分析，确定了所需车型，作为销售顾问，我们应为客户做好产品介绍工作。 1. 为客户确认展车状态。 2. 为客户进行车辆介绍。 3. 为客户进行竞品比较
学习目标	1. 能够准确描述展车状态确认内容。 2. 能够准确描述汽车六方位介绍的内容。 3. 能够正确描述竞品分析内容。 4. 能够正确完成展车确认。 5. 能够正确引导及向客户进行六方位介绍车辆。 6. 能够正确为客户进行竞品分析。 7. 能够自觉遵守岗位职责和行为规范。 8. 能够养成安全、环保、“5S”作业、团结协作的好习惯
项目载体	王先生通过销售顾问李想的需求分析，认识到自己购车的真实需求。根据李想的推荐，打算到展厅去看看实车，如下图所示，展车区应配有客户需求展车 1 辆，销售顾问李想为王先生进行车辆介绍 
计划学时	8~12 学时

<table>
<tr><td rowspan="2">工作页</td><td>上课地点</td><td></td><td>学生姓名</td><td></td><td>完成 / 未完成</td></tr>
<tr><td>任课教师</td><td></td><td>上课时间</td><td></td><td>优 / 良 / 中 / 及格</td></tr>
</table>

项目导入

车辆介绍是汽车销售流程中关键的步骤，汽车销售顾问可以展示自己的专业知识，激发客户的购买兴趣。

销售顾问李想来到了工作单位，帮助客户王先生做好了需求分析，下一步李想将为王先生做一个全面的产品介绍。

一、想一想：结合汽车销售顾问李想今日的工作，回答下列问题

（1）为了帮助客户全面了解车辆功能，应采取什么样的车辆介绍方法？

（2）车辆介绍过程中，销售顾问为什么要提前确认展车状态？

二、写一写：产品介绍的方法和工作用品

请在下图的方框中写上本次产品介绍用到的主要用品名称，同时选择本次产品介绍所使用的方法。

用品 1：

用品 2：

用品 3：

用品 4：

介绍方法：

六方位介绍法□

FABE 介绍法□

道具演示介绍法□

FBI 介绍法□

产品介绍

微组织 1：教师检查纠错，学生改正错误。微评价：☆☆☆☆☆

三、安全教育与工作要求

请大声说出“到达工作地点，做好工作准备”，同时进行自检和互检。若已完成，请在方框内画上“√”。

□全体人员进入工作地点时，工作服应穿戴整洁，保证符合工作要求；

□工作时应携带带着自己名字的工作铭牌，禁止佩戴戒指等金属首饰；

□进入工作地点后严禁摆弄与本次工作无关的设备和工具，并把手机调成振动模式；

□严禁嬉戏打闹。

微组织 2：教师检查纠错，学生改正错误。微评价：☆☆☆☆☆

项目实施

任务一　确认展车状态

流程一：工作准备

根据服务流程要求做好工作准备，请检查工作准备情况，并将检查结果填入“确认展车状态工作准备情况检查表”，见表 5-1-1。若已准备好，请在方框里画上“√”；若有遗漏，请补充后画上“√”。

表 5-1-1　确认展车状态工作准备情况检查表

项　目	内　容
工作地点	汽车展厅展车区□
工作设施	展厅车辆□
工作用品	办公计算机□　办公电话□　手机□　写字板□　车型配置表

微组织 1：教师检查纠错，学生改正错误。微评价：☆☆☆☆☆

流程二：确认展车状态

1. 通过学习主教材的视频和相关内容，制订工作计划，并填写在“确认展车状态工作计划表”中，见表 5-1-2。

表 5-1-2　确认展车状态工作计划表

工序	工 作 内 容	工作注意事项
1		
2		
3		

微组织 2：教师检查纠错，学生改正错误。微评价：☆☆☆☆☆

2. 请实施情景演练并总结工作过程中存在的问题，将问题填写在“确认展车状态问题汇总简析表”，并对原因进行简要分析，见表 5-1-3。

表 5-1-3　确认展车状态问题汇总简析表

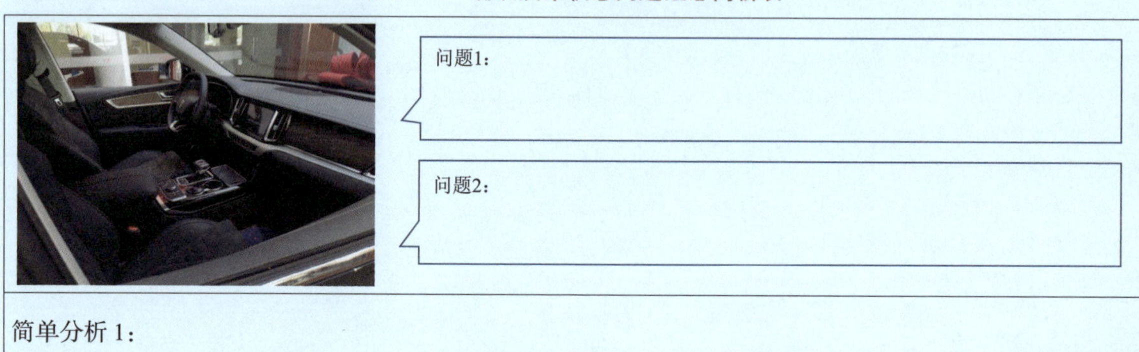

简单分析 1：

简单分析 2：
其　他：

微组织 3：教师检查纠错，学生改正错误。微评价：☆☆☆☆☆

3. 请在图 5-1-1 中填写确认展车状态的内容，并对准备要点进行说明。

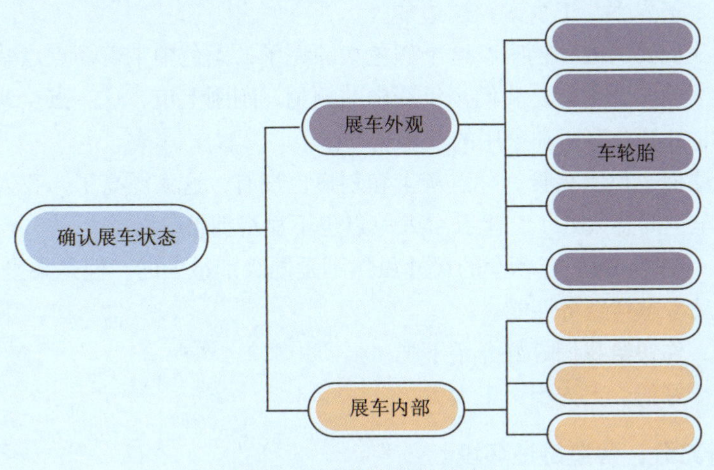

图 5-1-1　确认展车状态

微组织 4：教师检查纠错，学生改正错误。微评价：☆☆☆☆☆

4. 请在图 5-1-2 中进行汽车性能介绍连线。

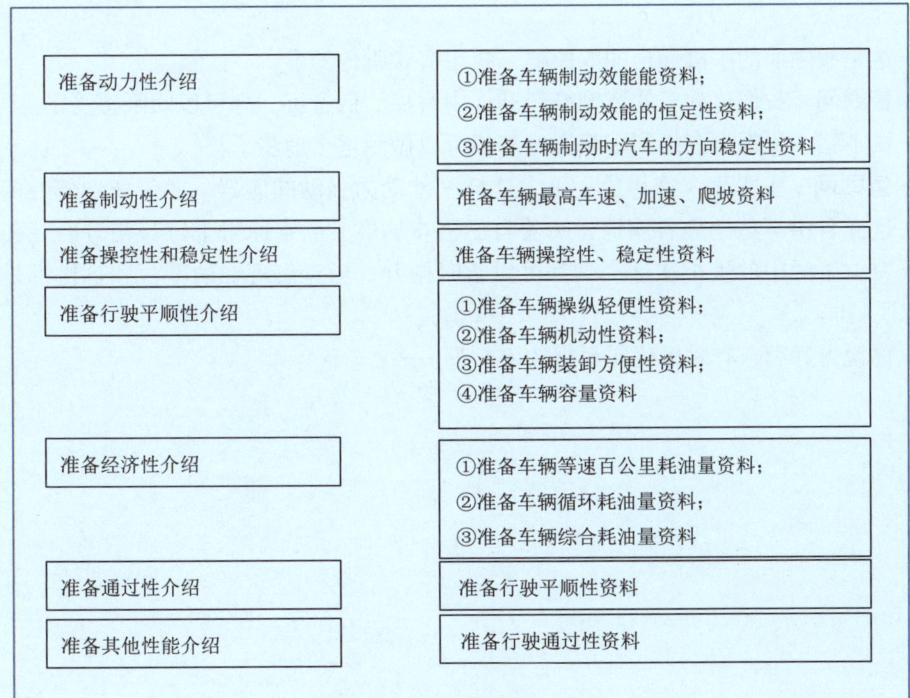

图 5-1-2　汽车性能介绍

微组织 5：教师检查纠错，学生改正错误。微评价：☆☆☆☆☆

案　例

案例一：展车状态确认，保障客户满意。

展厅内有每天都会有很多客户来看车，为了方便向客户介绍车辆和提升客户的满意度，我们应该在产品介绍之前，恢复展车到最好的状态。

汽车销售顾问：王先生，王太太，这边请。

客户：这就是我们要买的车辆吗？这个颜色太漂亮了，黑色中带着一点点紫色。

汽车销售顾问：确实，这就是我们今年新出的颜色，刚刚上市，这一点点紫色既不是商务还带着一点点神秘，非常符合商用和家用的双重选择。

客户：这车的漆面也很漂亮呀，一点灰尘和划痕也没有，这太漂亮了，我太喜欢了，而且离近了我才发现这个车空间感太好了，坐五个人一点也不显得拥挤。

汽车销售顾问：确实，我们这辆车的尺寸虽然不是同级别最大的，但是乘坐空间确是最大的，即保障了空间性，又考虑到经济性能。

客户：小李呀，你快给我们好好介绍下吧。

汽车销售顾问：好的，王先生，王太太。

案例二：准备充分，营造舒适环境。

在进行展车确认的环节中，不仅要检查车辆的状态，还应该根据前面的介绍，为客户营造一个舒适的空间。

汽车销售顾问：王先生，您试着将驾驶座的座椅向后调，然后打开音响，感受下这台车的音响效果吧。

客户：这是我之前的手机铃声的歌曲吧，我很喜欢听他的歌。

汽车销售顾问：我们这款车的音响高音准、中音稳、低音沉。您可以闭眼感受下。

客户：真不错，我都没有想到车载音响已经可以做到这个地步了！

汽车销售顾问：王先生，您想象一下，这样一款动力强动的座驾，能带您到郊外的原野。您可以像现在这样自由舒适地靠着座椅，听着自己喜欢的歌，欣赏原野上红日初升的壮美风光。您工作上的压力、生活中的重担在这一刻都可以暂时抛开，毕竟您现在的辛苦和打拼都是为了更好的生活，您说是吗？

客户：你说得好啊，有时候确实很想放松一下……

任务二　介绍车辆

流程一：工作准备

根据服务流程要求做好工作准备，请检查工作准备情况，并将检查结果填入“介绍车辆工作准备情况检查表”，见表 5-2-1。若已准备好，请在方框里画上“√”；若有遗漏，请补充后画上“√”。

表 5-2-1　介绍车辆工作准备情况检查表

项　　目	内　　容
工作地点	汽车销售顾问办公区□
工作设施	办公桌□　座椅□　车辆□
工作用品	办公计算机□　办公电话□　手机□　写字板□　车辆查询系统□

微组织 1：教师检查纠错，学生改正错误。微评价：☆☆☆☆☆

流程二：介绍车辆

1. 通过阅读和观看视频的学习，请制订工作计划，并填写在“介绍车辆工作计划表”中，见表 5-2-2。

表 5-2-2　介绍车辆工作计划表

工序	工 作 内 容	工作注意事项
1		
2		

微组织 2：教师检查纠错，学生改正错误。微评价：☆☆☆☆☆

2. 请实施情景演练并总结工作过程中存在的问题，将问题填写在“介绍车辆问题汇总简析表”中，并对原因进行简要分析，见表 5-2-3。

表 5-2-3　介绍车辆问题汇总简析表

产品体验单			
设　　计		舒　　适	
□	气贯山河红旗立标	□	全智能清新梦幻森林氧吧
□	高山飞瀑前进气格栅	□	远程智能车辆控制系统
□	旌旗飞扬式灵动腰线	□	顶级 BOSE 音响
□	同量级大 20 寸运动轮毂	□	顶级 Nappa 真皮
动　　力		安　　全	
□	第三代米勒循环	□	1 500 MB 同级最强钢材
□	第三代 6 速手自一体变速箱	□	独创“9H”超强安全笼式车身
操　　控		科　　技	
□	第五代智能四驱系统	□	双 12.3 寸液晶连屏中控
□	五种智能模式	□	语音交互系统
□	前后全独立软硬可调悬挂	□	智慧无忧 HD2.5 自动驾驶

问题1：

问题2：

简单分析 1：
简单分析 2：
其　他：

微组织 3：教师检查纠错，学生改正错误。微评价：☆☆☆☆☆

3. 请在图 5-2-1 中填写介绍车辆常见的方法，并说出其特点。

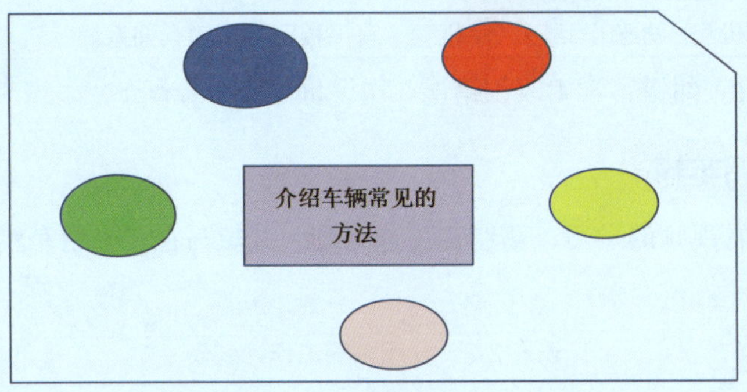

图 5-2-1　车辆介绍法

微组织 4：教师检查纠错，学生改正错误。微评价：☆☆☆☆☆

4. 请在图 5-2-2 中将六方位介绍法及每个方位介绍的车辆要点连线。

介绍 1 号位——车左前 45°	该位置最有利于看清车辆的车后座特征，向客户王先生讲解儿童座椅固定装置、后排中央扶手、后座金属背板、儿童安全门锁、安全带
介绍 2 号位——车侧方	面向客户王先生，左手引导客户王先生参观汽车，在该位置向王先生介绍，最有利于看清车辆整体的特征，向客户王先生讲解车标、前照灯、格栅
介绍 3 号位——车后方	该位置最有利于看清车辆的流线特征，向客户王先生讲解车轮、车身、ABC柱、车门外后视镜、腰线、侧围
介绍 4 号位——车后座	该位置最有利于看清车辆的后侧特征，向客户王先生讲解扰流板、后保险杠横梁、后尾灯、倒车影像
介绍 5 号位——驾驶室	该位置最有利于看清车辆的发动机舱特征，向客户王先生讲解发动机罩、高性能全铝合金发动机、低噪环保
介绍 6 号位——发动机舱	该位置最有利于看清车辆的前排特征，向客户王先生讲解内饰、仪表及中控板、转向盘、组合仪表、交互系统

图 5-2-2　六方位介绍车

微组织 5：教师检查纠错，学生改正错误。微评价：☆☆☆☆☆

5. 请在表 5-2-4 的方框中填写六方位介绍法的要点。

表 5-2-4　六方位介绍法要点

车左前 45° 介绍要点			
配置	主要体现性能	重点推荐客户人群	客户利益
车侧方介绍要点			
配置	主要体现性能	重点推荐客户人群	客户利益
车后方介绍要点			
配置	主要体现性能	重点推荐客户人群	客户利益
车后座介绍要点			
配置	主要体现性能	重点推荐客户人群	客户利益
驾驶室介绍要点			
配置	主要体现性能	重点推荐客户人群	客户利益
发动机舱介绍要点			
配置	主要体现性能	重点推荐客户人群	客户利益

微组织 6：教师检查纠错，学生改正错误。微评价：☆☆☆☆☆

案 例

案例一：有效渲染汽车的特色卖点。

产品介绍是客户了解车辆的关键步骤，针对客户的产品介绍应该有针对性和同步性，和前面的需求分析进行对应。

汽车销售顾问：张先生，您选车主要是为了方便接送孩子吧？

客户：是呀，我孩子快上幼儿园了，可淘气了，学校离家比较远，有车要方便些。

汽车销售顾问：孩子四岁到十二岁，是最调皮、最好动的时候，行驶途中的安全是第一位的。孩子对车外总是充满好奇，喜欢攀爬车窗，如果碰到车窗上升按钮，很容易被玻璃夹伤。我们这款车采用的是电动防夹车窗，车窗上升的时候，如果孩子将手搭在了玻璃上，车窗会从上升的趋势改为下降，可以避免孩子发生夹伤事故。好动的孩子还有可能在车子行驶途中打开车门，这是非常危险的。您看，我们这款车只要您细心地把开关设到“LOCK”的位置，车门就只能通过车外的门把手打开，而孩子们从车内是打不开的，这样能够有效地防范风险。您来试试……

客户：这样设计不错，我们家那孩子要是不防着他一点，还真怕他出事。

汽车销售顾问：欧洲的 NCAP 新车撞击测试代表了世界最严格的碰撞安全标准，我们这款车在这一测试中得到了综合评定五星的最高评价，无论是正面碰撞还是侧面碰撞，这款车对 1.5 岁幼童和 3 岁孩童的保护都得到了满分，可以说是同类车型中安全系数最高的，它一定能最大限度地保护您和孩子的安全。

案例二：增加与客户之间的互动性。

产品介绍是车辆的静态介绍，但我们应该与客户互动起来，让客户全方位地感受车辆的性能，认同我们的产品。

汽车销售顾问：张先生，您坐到驾驶座上，我为您介绍一下车内的配置……

客户：行啊，我确实想看看。

汽车销售顾问：您觉得前排空间怎么样？

客户：嗯，还行，像我这么大块头，坐在这里一点也不觉得挤。

汽车销售顾问：我们这款车配备的座椅还有记忆功能，同时可以存储 6 个人的驾驶参数的，您可以调整到您平时驾驶的位置。

客户：这个功能太方便了，以前我和我媳妇开车，一上来就调座椅，浪费了好多时间。

汽车销售顾问：我们这款安全座椅还有通风和加热的功能，这个功能虽然小，但是在东北太实用，您说是不是？您看，通过这里可以调节温度。

客户：确实，这个座椅的功能太符合我们的需求了。

汽车销售顾问：我们这款车辆还有好多实用的功能，让我帮您再好好感受下……

任务三　比较竞品

流程一：工作准备

根据服务流程要求做好工作准备，请检查工作准备情况，并将检查结果填入“比较竞品工作准备情况检查表”，见表 5-3-1。若已准备好，请在方框里画上“√”；若有遗漏，请补充后画上“√”。

表 5-3-1　比较竞品工作准备情况检查表

项　目	内　容
工作地点	汽车销售顾问办公区□
工作设施	办公桌□　座椅□车辆□
工作用品	办公电脑□　办公电话□　手机□　写字板□　车辆查询系统□

微组织 1：教师检查纠错，学生改正错误。微评价：☆☆☆☆☆

流程二：比较竞品

1. 通过学习主教材的视频和相关内容，制订工作计划，并填写在“比较竞品工作计划表”中，见表 5-3-2。

表 5-3-2　比较竞品工作计划表

工序	工 作 内 容	工作注意事项
1		
2		

微组织 2：教师检查纠错，学生改正错误。微评价：☆☆☆☆☆

2. 请实施情景演练并总结工作过程中存在的问题，将问题填写在“比较竞品问题汇总简析表”，并对原因进行简要分析，见表 5-3-3。

表 5-3-3　比较竞品问题汇总简析表

车型配置单	
车型参数配置表	内容
基本参数	长 × 宽 × 高、轴距、油箱容积、整备质量等
安全配置参数	EBA 电子制动辅助系统、ECB 电子控制制动系统等
操控配置参数	一键启动、ESP 电助力转向系统等
外部配置参数	车身镀铬装饰条、防紫外挡风玻璃等
内部配置参数	多功能转向盘、导航系统等
灯光配置参数	日间行车灯、LED 灯光模组等
玻璃后视镜配置参数	电加热外后视镜、可折叠外后视镜、防炫目后视镜等
空调配置参数	双驱独立控制自动空调、ECO 节能控制系统等

问题1：

问题2：

简单分析 1：

简单分析 2：

其　他：

微组织 3：教师检查纠错，学生改正错误。微评价：☆☆☆☆☆

3. 请在图 5-3-1 中比较竞品分析的内容，并连线。

对比车型外观进行讲解

对比车辆参数及配置进行讲解

对比车辆消费者口碑进行讲解

对比车辆价格进行讲解

①顾问能将所介绍车型与其相对应的竞品车型非常熟悉地进行客观比对，那么客户对销售顾问将会更加信任，销售顾问的专业介绍让客户增加购买信心；
②要让客户觉得销售顾问既专业又客观，数据具有最好的说服力，当然数据分析在解说时要尽量通俗易

①很多客户在选车时，首先关注的是车辆的外观，这就要求我们对自家车和同档次的竞品车的车辆外观形态要求有一个较为全面的了解；
②不同类型的客户，如不同的年龄、职业、性格、性别等，对车辆的外观形态要求都不一样

销售顾问最需要做的就是力求表达自己所介绍车辆的价值，让客户觉得物有所值或物超所值才是关键和重点

①在竞品分析中，消费者的口碑显得很有参考价值；
②根据调研，消费者主要会从车辆的空间大小、动力的强劲与否、操控的感受、油耗大小、驾乘舒适感、外观以及内饰等几个方面对车辆进行综合评价

图 5-3-1　比较竞品

微组织 4：教师检查纠错，学生改正错误。微评价：☆☆☆☆☆

4. 请在方格内简述竞品分析过程中，列举对比竞品的要点。

微组织 5：教师检查纠错，学生改正错误。微评价：☆☆☆☆☆

案　例

案例一：巧妙化解客户的疑问。

客户有些时候会对产品性能参数存在一些疑问，但是作为销售顾问，我们应该实事求是地去跟客户解释，要耐心而且诚恳，取得客户认同。

客户：官方数据显示你们这款车的百米加速时间是 12.7 秒，那实际加速起来用的时间肯定比这还要长，我看其他同类的车百米加速都在 11 秒以下，你们这款车是不是加速性能很一般啊？

汽车销售顾问：张先生，上午就有一位客户和您问到了同一个问题呢。我们这个数据是在完美的状态下达到的，实际路况行驶会有所差异的，同时我想了解一下，您平时用车的话主要走哪些路段呢？您喜不喜欢飙车呢？

客户：我平时主要走三环和四环，至于飙车，我不怎么喜欢。再说了，我媳妇也不让啊。

汽车销售顾问：您主要走的是比较拥堵的市区道路，隔一两个路口就会有一个红绿灯，即使加速性能再好，也很难用得上，况且，当您猛踏加速踏板时，油耗也会大大增加的。我们这款车车身所用的钢板比同类其他车的都要厚，所以自重也超过了别的车型，达到了 1.4 吨，如果我们采用薄一点的钢板，相信百米加速成绩达到 12 秒是不成问题的，但是您肯定不希望用人身安全来换取不太实用的加速性能吧。其实，一款好车并不一定非得各项指标都出类拔萃，而是要适合自己，开着舒服，用着安全，您说对吧？

客户：嗯嗯，确实安全才是最重要的。

案例二：客观评价竞争对手的车型。

针对客户的意向车型，有针对性地介绍产品，不要夸大自己产品，也不要恶意地贬低竞品，要进行对比介绍，让客户自己选择适合自己需求的产品。

客户：我觉得，你们 A 品牌的这款车和 B 品牌最近推出的车很相似，价位就差五千元，配置好像差别也不大。你觉得 B 品牌的那款车怎么样？

汽车销售顾问：您说的是 B 品牌新推出的款型啊？说实话，我本人也很感兴趣，上个月还去试驾过呢。那款车外形非常前卫、时尚，起步很稳，提速很快，瞬间就能爆发出强劲的动力。我有一位客户也看上了那一款，但最后还是没定下来。

客户：为什么呢？

汽车销售顾问：他和您一样是做生意的，经常要开着车接送或者拜访客户，他觉得那款车外形过于奔放、张扬，安全配置不太高，车内的空间也有点挤，平时自己用还是不错，但是商务用的话有一些不合适。

客户：这样啊。

汽车销售顾问：生意场上有句话叫“人如其车，车如其人”，外形沉稳内敛，内饰高贵雅致，动力强健稳定，安全有所保障，我想，这样的商务车更能成为您工作中有力的助手，您说呢？

客户：你说得太对了。

理论考核

一、选择题

1. 产品介绍过程中的注意事项包括（　　）。

A. 对自己所介绍的车辆内容要有信心

B. 介绍中不能涉及太多的知识与概念

C. 使用行业标准用语和规范动作

D. 注意根据客户关注点进行重点介绍

2. 关于确认展车状态正确的是（　　）。

A. 整理展车漆面

B. 整理展车玻璃

C. 整理展车轮胎

D. 整理展车车身装饰条及标志

E. 整理车窗

3. 利用 FABE 介绍车辆时，其中 B 表示（　　）。

A. 特征和配置

B. 优势和好处

C. 利益

D. 证据

4. 关于展车的准备不对的是（　　）。

A. 展车轮胎下方垫有轮胎垫

B. 展车功能正常，前座窗户放下，天窗打开

C. 展车内放置车辆宣传物

D. 展车内的座椅都调整至标准位置

5. 下列（　　）不是六方位介绍内容。

A. 发动机舱　　B. 车侧　　C. 行李舱　　D. 驾驶

二、判断题

1. 销售顾问应对所有关键配置进行讲解，并着重强调顾客关心的部分。（　　）

2. 产品展示时提示用户不要触碰产品，由销售顾问指给客户看即可。（　　）

3. 销售顾问在介绍车辆时，在车前方主要介绍车辆的安全性能。（　　）

4. 介绍车辆各项功能的时候，强调对顾客的好处。（　　）

5. 在车辆六方位介绍时主要介绍驾驶室内的配置。（　　）

微组织：教师检查纠错，学生改正错误。微评价：☆☆☆☆☆

项目六　试乘试驾

项目任务单

项目描述	完成陪同客户进行试乘试驾
项目要求	依据王先生的购车需求，为其推荐试乘试驾的服务，并根据王先生的试乘试驾要求，陪同进行试乘试驾。 1. 为客户王先生的试乘试驾做好准备工作。 2. 陪同客户王先生进行试乘试驾。 3. 为客户王先生做好试乘试驾后的反馈工作
学习目标	1. 能够描述试乘试驾的车辆准备内容。 2. 能够正确描述试乘试驾的操作流程。 3. 能够正确描述反馈试乘试驾的工作要点。 4. 能够正确做好试乘试驾前的准备工作。 5. 能够正确陪同客户完成试乘试驾工作。 6. 能够正确处理客户试乘试驾的反馈。 7. 能够自觉遵守岗位职责和行为规范。 8. 能够养成安全、环保、“5S”作业、团结协作的好习惯
项目载体	王先生对销售顾问李想的推荐十分满意，打算进行车辆试乘试驾，试乘试驾区应有试乘试驾车辆和路线指示桩，场地整体宽广。销售顾问李想为客户准备试乘试驾并陪同客户王先生进行试乘试驾 
计划学时	8~12 学时

<table>
<tr><td rowspan="2">工作页</td><td>上课地点</td><td></td><td>学生姓名</td><td></td><td>完成 / 未完成</td></tr>
<tr><td>任课教师</td><td></td><td>上课时间</td><td></td><td>优 / 良 / 中 / 及格</td></tr>
</table>

项目导入

潜在客户是指有购车需求，同时又具备购买能力的待开发、有可能成为现实客户的个人或者组织。集客到店是汽车销售服务流程中最重要的环节，请你完成邀请客户到店。

一、想一想：结合汽车销售顾问李想今日的工作，回答下列问题

（1）试乘试驾是车辆动态介绍的重要环节，请您写出试乘试驾的三个环节？

（2）试乘试驾路线是展示车辆的重点，请你写出试乘试驾路线应该包含哪些路面？

二、写一写：试乘试驾的和工作用品

请在下图的方框中写上试乘试驾准备工作用到的主要用品名称，同时选择试乘试驾邀约的方式。

用品 1：

用品 2：

用品 3：

用品 4：

邀约方式：

电话邀约□

网络邀约□

微信邀约□

展厅邀约□

试乘试驾

微组织 1：教师检查纠错，学生改正错误。微评价：☆☆☆☆☆

三、安全教育与工作要求

请大声说出“到达工作地点，做好工作准备”，同时进行自检和互检。若已完成，请在方框内画上“√”。

□全体人员进入工作地点时，工作服应穿戴整洁，保证符合工作要求；

□工作时应携带带着自己名字的工作铭牌，禁止佩戴戒指等金属首饰；

□进入工作地点后严禁摆弄与本次工作无关的设备和工具，并把手机调成振动模式；

□严禁嬉戏打闹。

微组织 2：教师检查纠错，学生改正错误。微评价：☆☆☆☆☆

项目实施

任务一　准备试乘试驾

流程一：工作准备

根据服务流程要求做好工作准备，请检查工作准备情况，并将检查结果填入《准备试乘试驾工作准备情况检查表》，见表 6-1-1。若已准备好，请在方框里画上“√”；若有遗漏，请补充后画上“√”。

表 6-1-1　准备试乘试驾工作准备情况检查表

项　目	内　容
工作地点	汽车试乘试驾区□
工作设施	洽谈桌□　座椅□
工作用品	销售文件夹□　销售顾问名片□　碳素笔□　写字板 □

微组织 1：教师检查纠错，学生改正错误。微评价：☆☆☆☆☆

流程二：准备试乘试驾客户

1. 通过学习主教材的视频和相关内容，制订工作计划，并填写在“准备试乘试驾工作计划表”中，见表 6-1-2。

表 6-1-2　准备试乘试驾工作计划表

工序	内　容	工 作 用 品
1		
2		
3		
4		
5		
6		

微组织 2：教师检查纠错，学生改正错误。微评价：☆☆☆☆☆

2. 请实施情景演练并总结工作过程中存在的问题，将问题填写在“准备试乘试驾问题汇总简析表”，并对原因进行简要分析，见表 6-1-3。

表 6-1-3　准备试乘试驾问题汇总简析表

试乘试驾预约登记表

序号	客户姓名	联系电话	意向级别	跟踪编号	试驾车型	计划时间	陪同人数	销售顾问	填表时间	展厅经理	备注

问题1：

问题2：

简单分析 1：
简单分析 2：
其　他：

微组织 3：教师检查纠错，学生改正错误。微评价：☆☆☆☆☆

3. 请在方格内写出准备试乘试驾客户过程中，如果遇到车辆到店延迟，我们应当如何应对。

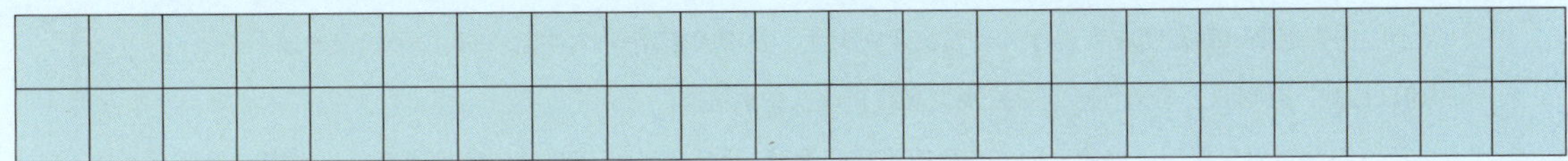

微组织 4：教师检查纠错，学生改正错误。微评价：☆☆☆☆☆

4. 请在图 6-1-1 中填写试乘试驾前的展厅接待流程。

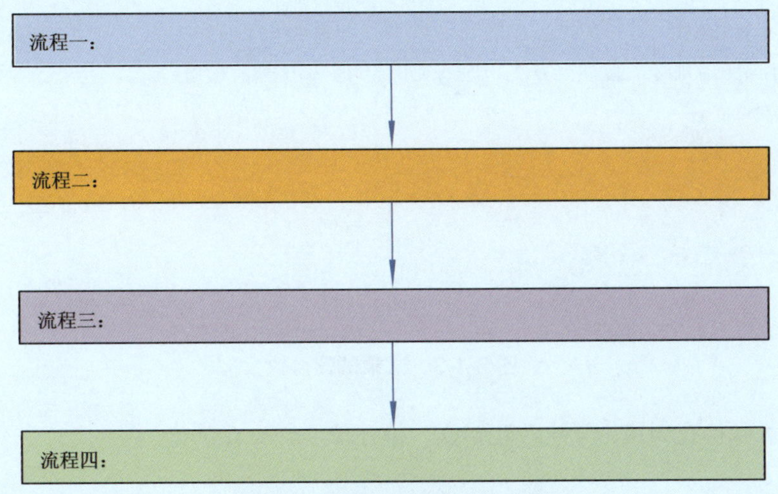

图 6-1-1　试乘试驾接待流程图

微组织 5：教师检查纠错，学生改正错误。微评价：☆☆☆☆☆

5. 请在图 6-1-2 中填写试乘试驾常见的邀约方法。

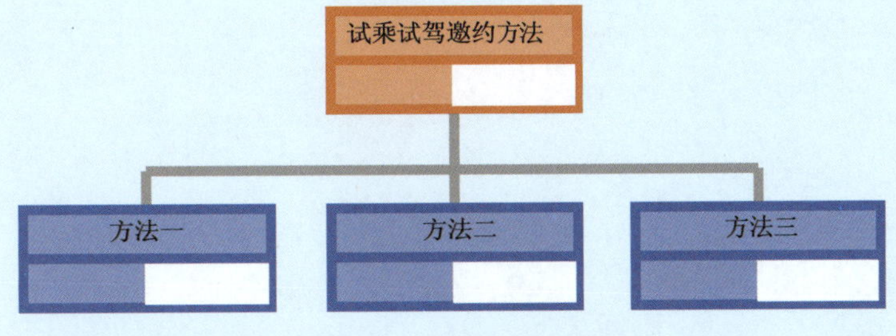

图 6-1-2　试乘试驾邀约方法

微组织 6：教师检查纠错，学生改正错误。微评价：☆☆☆☆☆

6. 请你按照试乘试驾要求，指导客户正确填写试乘试驾协议，如图 6-1-3 所示。

试乘试驾协议

尊敬的客户：

您好！为了让您能亲身体验该品牌车型的舒适、安全以及整车的操控性能和优异配置，特将试乘试驾有关事宜向您告知，请您仔细阅读：

一、试乘试驾前，驾驶人员请检查车辆内外的清洁、卫生，并检查车辆是否处于良好状态。

二、驾驶人员在车辆中禁止吸烟及吃零食。

三、您需向我公司保证您本人具有一年以上的驾龄，并持有正式的驾驶证件。且身体健康无重大疾病，适合进行试乘试驾，并能够安全行驶，文明试车。

四、您在试乘试驾期间应当遵守《道路交通安全法》及有关道路规章制度，和我公司规定的试乘路线，不得违章行驶，否则我公司销售顾问有权视情况终止此次试乘试驾。

五、试乘试驾完毕后，您所交回的车辆应当完好无损，没有发生任何碰撞、刮擦等事故，否则应承担修复所需一切费用。

试乘试驾车型登记表

试驾人		驾驶证号	
电话 / 手机		试驾地点	
试驾车牌号		试驾车型	

以上内容我已仔细阅读过，并无异议，且能保证我提供的一切资料的真实性。

车辆提供单位：

××××××　　　　试乘试驾人：(签字)________

试乘试驾日期：　年　月　日

图 6-1-3　试乘试驾协议

微组织 7：教师检查纠错，学生改正错误。微评价：☆☆☆☆☆

7. 请你按照试乘试驾的准备车辆要求，检查试乘试驾车辆，并如实填写表 6-1-4。

表 6-1-4　试乘试驾车辆检查表

试乘试驾车辆检查

零售商名称：________车型：________牌照号：________

填表日期：______年___月___日至______年___月___日

车辆内外检查标准		月　日		月　日		月　日	
		是	否	是	否	是	否
外观	整辆车身是否清洁						
	车身试乘试驾标识是否破损						
	车身是否有划痕或碰撞						
	轮胎气压磨耗，受损等是否正常						
	前照灯，方向灯，后视镜是否损伤						
	车牌是否污损						
驾驶室	脚踏垫，烟灰缸、中央扶手、置物槽等是否清洁						
	室内后视镜，门边后视镜是否清洁						
	制动踏板状况是否正常						
	发动机启动状况是否正常						
	油箱存量是否充足						
	前照灯，方向灯，坐灯，制动灯是否正常						
	刮水器工作是否正常						
	驾驶座各项调整动作的功能是否正常						
	多种音乐风格准备						
	导航，行车控制器是否正常						
发动机室	制动液量是否正常						
	机油量是否正常						
	挡风玻璃清洁剂是否正常						
	水箱冷却液是否正常						
	其他零部件是否异响						
检查人签字：							

微组织 8：教师检查纠错，学生改正错误。微评价：☆☆☆☆☆

8. 试乘试驾路线准备一般要考虑展示车辆的性能要求，请您将要求填写在图 6-1-4 中。

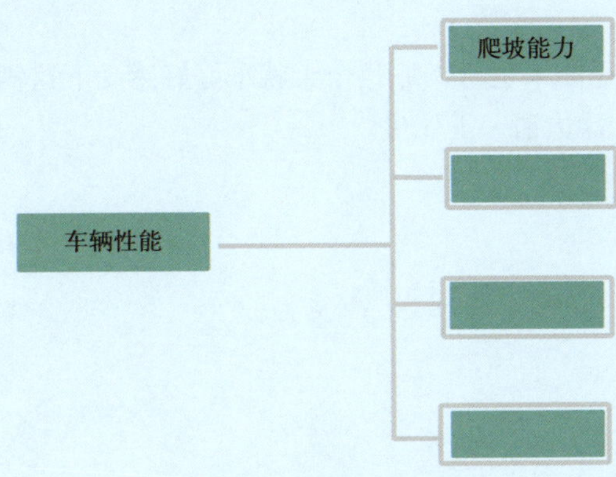

图 6-1-4　试驾车辆性能要求

微组织 9：教师检查纠错，学生改正错误。微评价：☆☆☆☆☆

案　例

案例一：客户想要带着特殊人群体验试乘试驾。

一位客户预约了试乘试驾，到达展厅之后，销售顾问发现试乘试驾体验人群中有特殊人群（如老人、孕妇和幼儿）。

汽车销售顾问：王先生，欢迎到店参加试乘试驾，请问您今天预约的试乘试驾的人员除了您还有哪些人呢？

客户：我和我的妻子两个人。

汽车销售顾问：这位就是您的妻子吧，真漂亮呀，冒昧问一句，您妻子是不是怀孕了？

客户：是的。怎么了？

汽车销售顾问：那真是恭喜您了，但是我个人觉得您妻子参加我们这试乘试驾稍微有点危险，因为我们为了您感受我们汽车的动力性、制动性、经济性，可能会急加速和急减速，还可能会急转弯，这样可能会对您妻子的身体产生一定的影响。

客户：哦！是我考虑不周了，那我自己体验吧，让我妻子在洽谈区休息吧。

汽车销售顾问：好的，小杨您陪同这位女士在洽谈区聊聊天，我带王先生去试乘试驾一下。这边请，王先生。

案例二：客户忘带驾驶证了，但还是想试驾车辆。

一位客户预约了试乘试驾，到达展厅之后，签订试乘试驾协议，发现自己忘带驾驶证了，但还想体验试驾环节……

客户：小李，我今天出门着急忘带了驾驶证了，你通融下，让我偷偷地试驾一会可以吗？

汽车销售顾问：王先生，是这样的，我们公司有规定，没有驾驶证是不能驾驶车辆的，这也是为了保障您的安全的。

客户：嗯，我知道，可是好不容易预约到了试驾车辆。

汽车销售顾问：王先生，您买这台车一定是和您的家人一起使用吧？您这次可以坐在副驾驶好好感受下我们车辆的舒适性。一会我查看下试乘试驾预约登记表，帮您再预约一场明天的试驾，您看这样可好？

客户：真的吗？要是明天还能来也行，那我今天就来好好感受下这辆车的座椅和音响效果吧。

汽车销售顾问：没问题，这边请，王先生。

任务二　进行试乘试驾

流程一：工作准备

根据服务流程要求做好工作准备，请检查工作准备情况，并将检查结果填入《进行试乘试驾工作准备情况检查表》，见表 6-2-1。若已准备好，请在方框里画上"√"；若有遗漏，请补充后画上"√"。

表 6-2-1　进行试乘试驾工作准备情况检查表

项　目	内　容
工作地点	汽车销售顾问办公区□
工作设施	办公桌□　座椅□　车辆□
工作用品	办公计算机□　办公电话□　手机□　写字板□　车辆查询系统□

微组织 1：教师检查纠错，学生改正错误。微评价：☆☆☆☆☆

流程二：进行试乘试驾客户

1. 通过学习主教材的视频和相关内容，制订进行试乘试驾客户工作计划，并填写在"进行试乘试驾工作计划表"中，见表 6-2-2。

表 6-2-2　进行试乘试驾工作计划表

工序	工 作 内 容	工作注意事项
1		
2		
3		

微组织 2：教师检查纠错，学生改正错误。微评价：☆☆☆☆☆

2. 请实施情景演练并总结工作过程中存在的问题，将问题填写在"进行试乘试驾问题汇总简析表"中，并对原因进行简要分析，见表 6-2-3。

表 6-2-3　进行试乘试驾问题汇总简析表

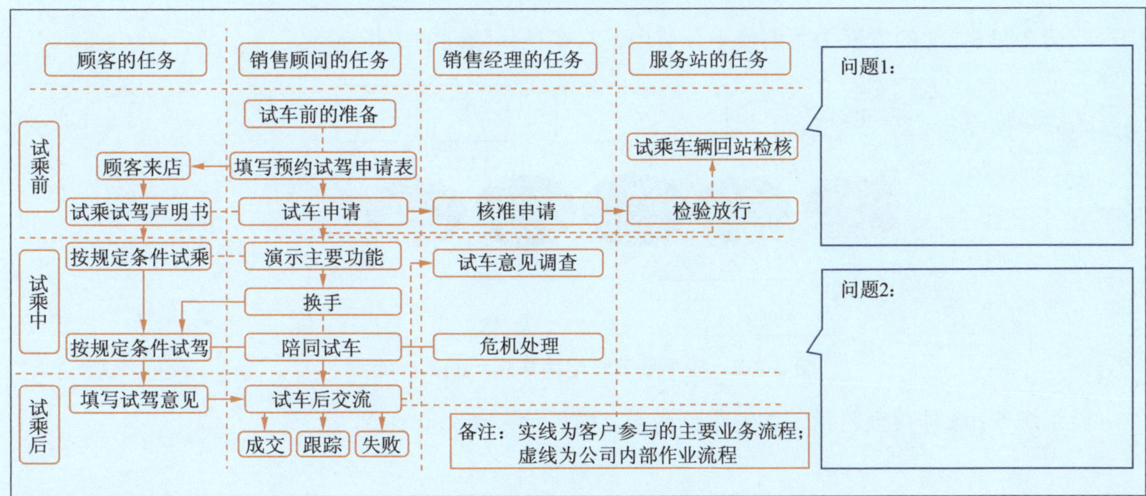

简单分析 1：
简单分析 2：
其　他：

微组织 3：教师检查纠错，学生改正错误。微评价：☆☆☆☆☆

3. 请在图 6-2-1 中填写进行试乘讲解的内容。

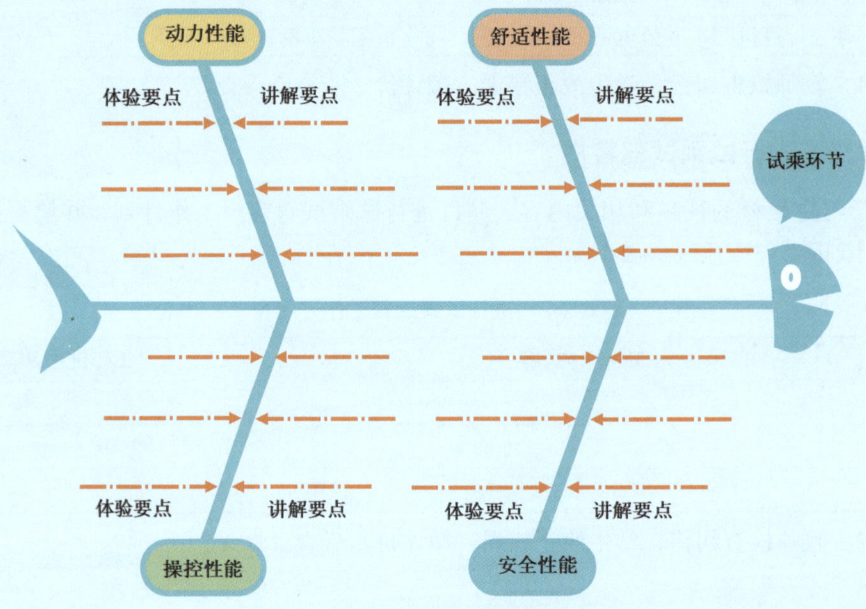

图 6-2-1　试乘讲解图

微组织 4：教师检查纠错，学生改正错误。微评价：☆☆☆☆☆

4. 请在图 6-2-2 的方框中写出换手环节中，汽车销售顾问的工作流程。

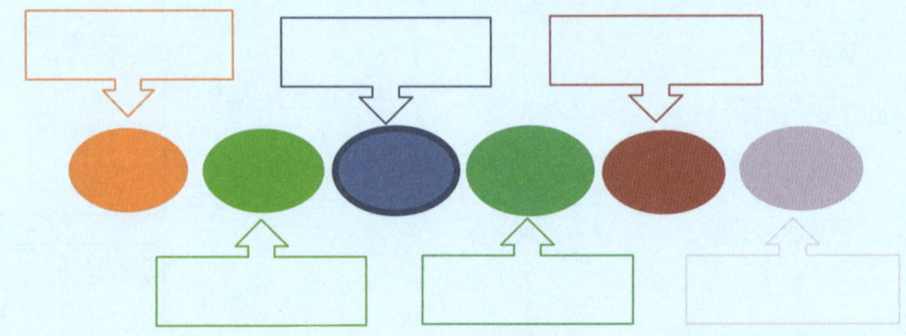

图 6-2-2　换手环节汽车销售顾问的工作流程

微组织 5：教师检查纠错，学生改正错误。微评价：☆☆☆☆☆

5. 请在图 6-2-3 中填写试驾环节的流程。

图 6-2-3　试驾流程图

微组织 6：教师检查纠错，学生改正错误。微评价：☆☆☆☆☆

6. 请在图 6-2-4 中进行试乘试驾环节的突发事件应急处理方法的连线。

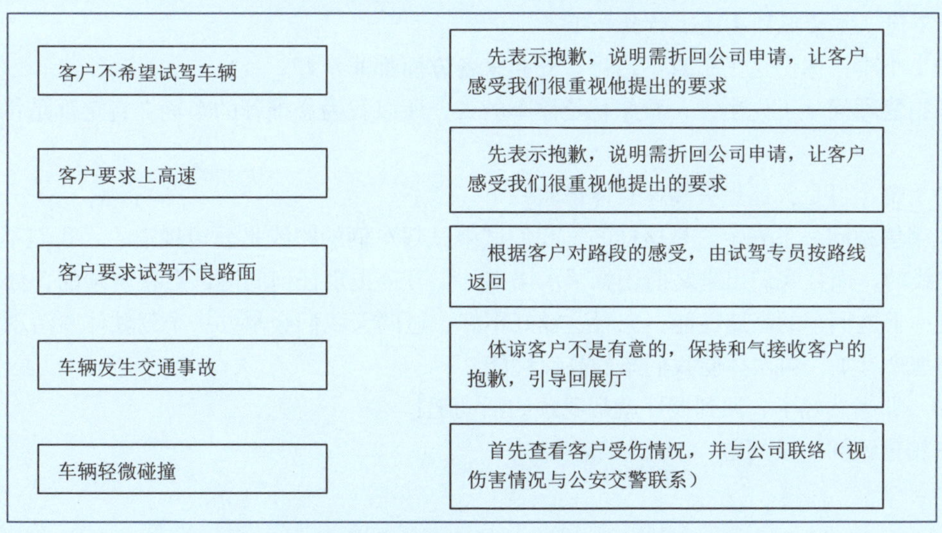

图 6-2-4　试乘试驾环节的突发事件应急处理方法连线

微组织 7：教师检查纠错，学生改正错误。微评价：☆☆☆☆☆

案　例

案例一：客户试乘试驾到一半就想离开。

一位客户在试乘试驾一半的时候，就想离开。

客户：小李，你们这里车真不错呀，开起来各方面都非常好，但我有点急事，能把我放到路边吗？我先回公司了。

汽车销售顾问：王先生，您是对我们的车辆有哪些不满意的地方吗？

客户：没有，就是体验完了，想早点回去！

汽车销售顾问：王先生，如果您有时间，我建议您先回趟展厅，休息一下，毕竟试乘试驾这么久了，您也有点累了，我们公司有免费的饮品。而且如果您回去填写一下试乘试驾反馈表，我们公司可以送您一个精美的小礼品，感谢您多提宝贵意见，小李在这里谢谢您的配合了。

客户：啊，还有小礼品吗？正好我也有点渴了，那就先回展厅。

汽车销售顾问：太感谢您对我工作的支持了！

案例二：客户想要去高速体验下试驾车辆的动力性。

客户和销售顾问在试乘试驾的环节中洽谈得非常开心，客户觉得销售顾问推荐的车辆动力性真的非常不错，希望能到高速上行驶一下……

客户：小李，你们这里车真不错呀，开起来各方面都非常好。

汽车销售顾问：王先生，一看您就是懂车的人，所以我为您推荐的车辆，肯定都是符合您期望值的。

客户：嗯，可是我还想去高速具体体验一下。

汽车销售顾问：王先生，是这样的，我们试乘试驾车辆的路线是公司规定的，我们不允许擅自改变路线的，而且我们出来之前还签了承诺书的，万一出现任何问题，会很麻烦的，如果您真的想感受一下这辆车的高速性能，您看这样好不好，过两天我们会举办一个驾驶体验活动，到时候我邀请您来参加，再次体验我们车的高速性能？

客户：那当然好了，回到展厅就帮我预约活动吧！

汽车销售顾问：没问题。

任务三　反馈试乘试驾

流程一：工作准备

根据服务流程要求做好工作准备，请检查工作准备情况，并将检查结果填入“反馈试乘试驾工作准备情况检查表”，见表 6-3-1。若已准备好，请在方框里画上“√”；若有遗漏，请补充后画上“√”。

表 6-3-1　反馈试乘试驾工作准备情况检查表

项　目	内　容
工作地点	汽车销售顾问办公区□
工作设施	办公桌□　座椅□　车辆□
工作用品	办公计算机□　办公电话□　手机□　写字板□　车辆查询系统□

微组织 1：教师检查纠错，学生改正错误。微评价：☆☆☆☆☆

流程二：反馈试乘试驾客户

1. 通过学习主教材的视频和相关内容，制订工作计划，并填写在“反馈试乘试驾工作计划表”中，见表 6-3-2。

表 6-3-2　反馈试乘试驾工作计划表

工序	工 作 内 容	工作注意事项
1		
2		
3		
4		
5		

微组织 2：教师检查纠错，学生改正错误。微评价：☆☆☆☆☆

2. 请实施情景演练并总结工作过程中存在的问题，将问题填写在“反馈试乘试驾问题汇总简析表”，并对产生原因进行简要分析，见表 6-3-3。

表 6-3-3　反馈试乘试驾问题汇总简析表

客户试乘试驾反馈

尊敬的朋友：

非常感谢您对 ×× 车进行试乘试驾，为及时得到您对试乘试驾的安排及车辆性能的反馈信息，请配合填写一下评估问卷，以便我们改进工作，为客户提供更加优质的服务。

再次感谢您的配合！　　　　试乘试驾时间：__年__月__日

试乘试驾用户信息

姓名：______年　　龄：______职　　业：______

性别：______联系电话：______电子邮件：______

驾龄：______通信地址：______试驾车型：______

用车感受

1. 车辆启动、起步如何？　□好　□较好　□一般　□差　□较差
2. 车辆的加速感应如何？　□好　□较好　□一般　□差　□较差
3. 车辆悬架的舒适度和路面感知力？□好　□较好　□一般　□差　□较差
4. 车辆加速性能如何？　□好　□较好　□一般　□差　□较差
5. 车辆转弯性能如何？　□好　□较好　□一般　□差　□较差
6. 车辆制动性能如何？　□好　□较好　□一般　□差　□较差
7. 车辆行驶操控性如何？　□好　□较好　□一般　□差　□较差
8. 车辆上下车便利性如何？　□好　□较好　□一般　□差　□较差
9. 车辆造型美感如何？　□好　□较好　□一般　□差　□较差
10. 车辆外观尺寸如何？　□好　□较好　□一般　□差　□较差
11. 车辆内部空间如何？　□好　□较好　□一般　□差　□较差
12. 车辆内饰工艺如何？　□好　□较好　□一般　□差　□较差
13. 车辆乘坐舒适性如何？　□好　□较好　□一般　□差　□较差

关于试乘试驾

1. 通过试驾，您是否对车辆具有一定的感性认识？　□有　□一般　□不好说
2. 您认为本次试乘试驾车辆的特点在哪里？______
3. 您最欣赏本次试乘试驾车辆的哪些方面，请列举：______
4. 如果您有任何意见，请写在下面：______

签名：　　　　时期：

问题1：

问题2：

简单分析 1：

简单分析 2：

其　他：

微组织 3：教师检查纠错，学生改正错误。微评价：☆☆☆☆☆

3. 请在图 6-3-1 中填写引导客户王先生回到展厅（休息区）的流程。

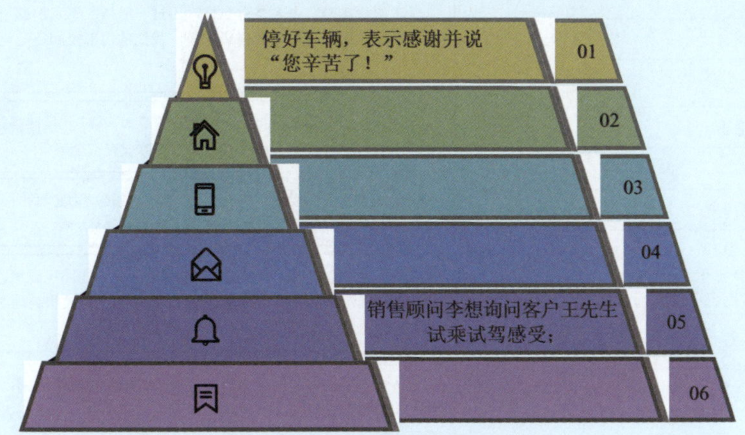

图 6-3-1　引导客户到展厅的流程

微组织 4：教师检查纠错，学生改正错误。微评价：☆☆☆☆☆

4. 请在图 6-3-2 的方框中填写征求客户评价中处理客户意见的流程。

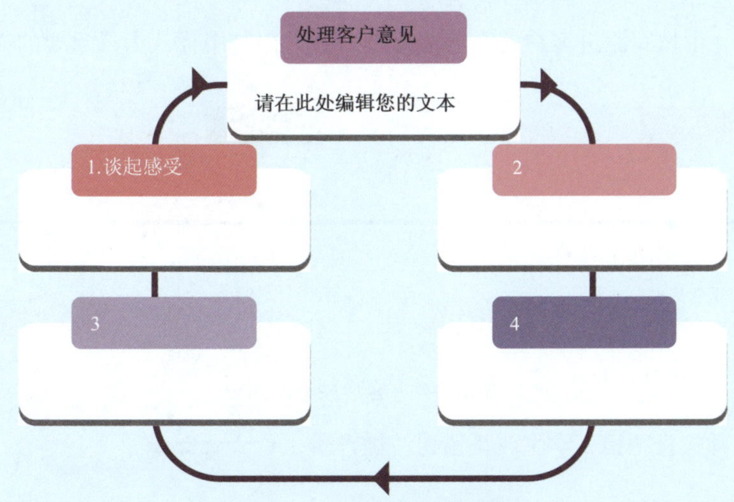

图 6-3-2　处理客户意见的流程

微组织 5：教师检查纠错，学生改正错误。微评价：☆☆☆☆☆

5. 请在图 6-3-3 中进行客户诉求处理的连线，并说出常见的客户诉求有哪些？

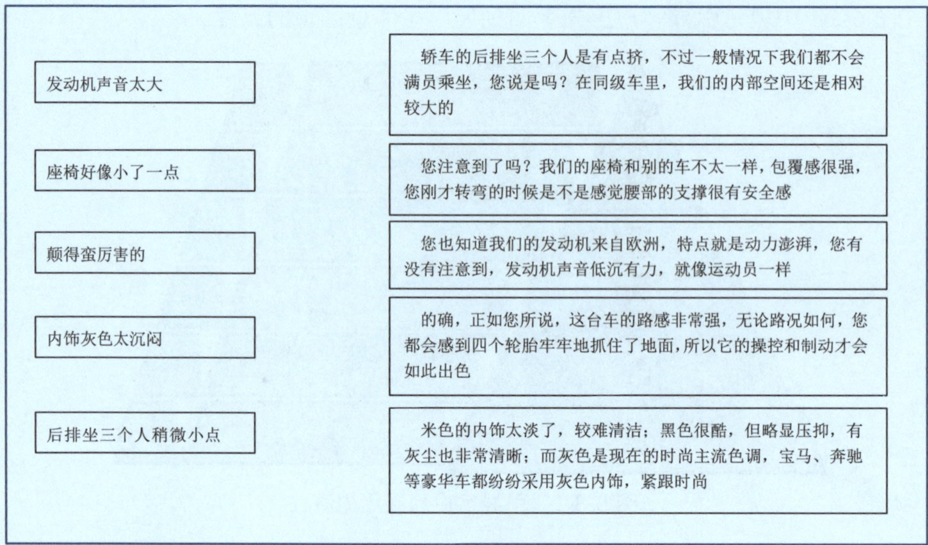

图 6-3-3　客户诉求处理

微组织 6：教师检查纠错，学生改正错误。微评价：☆☆☆☆☆

6. 请在图 6-3-4 中填写跟进客户关系的流程图，并说出其中你认为最重要的流程为哪个环节？

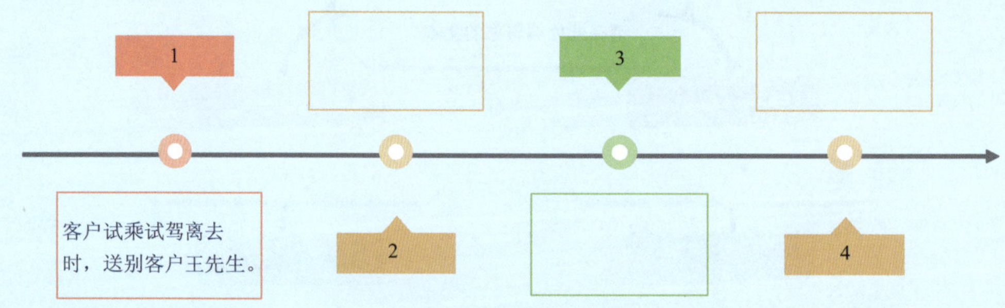

图 6-3-4　客户关系跟进

微组织 7：教师检查纠错，学生改正错误。微评价：☆☆☆☆☆

7. 请按照试乘试驾客户跟踪流程，填写试乘试驾客户追踪表，见表 6-3-4。

表 6-3-4　试乘试驾客户追踪表

序号	客户姓名	联系电话	预购车型	客户级别	试驾日期	成交日期 / 未成交	汽车销售顾问
1							
2							
3							

微组织 8：教师检查纠错，学生改正错误。微评价：☆☆☆☆☆

8. 请你按照试乘试驾的客户追踪表的内容，填写电话跟踪的要点，并说明依据。

微组织 9：教师检查纠错，学生改正错误。微评价：☆☆☆☆☆

案　例

案例一：把握时机强调汽车特色。

汽车销售顾问：张先生，刚才那个弯您过得真漂亮！又稳又快！您自己感觉如何？

客户：是啊，我以前开别的车过弯时只要速度快一点，侧倾是免不了的，没想到这款车过弯能这么顺畅！

汽车销售顾问：这款车在这方面做了很大的改进，采用的是深得欧洲操控精髓的高性能底盘，还有经过优化设计的增强型前麦弗逊后多连杆式的全独立悬挂，这能提高高速行驶的稳定性，也可以抑制高速过弯时的侧倾现象。这款车配备了电子稳定控制系统和弯道制动控制系统，还有抓地性能很强的 18 英寸轮毂和低滚动阻力宽胎，可以让您在过弯时游刃有余。您平时需要经常性地往返这条线路，光这一条路就有十多个弯道，是市郊之间风险很大的一条交通要道，因此，我觉得操控性和稳定性对您来说是相当重要的。您说呢？

客户：是呀，我开以前的那辆车，就曾经在这条路上出过事故，不太严重，但我家里人一直提心吊胆的。这款车的表现还不错。

案例二：体验后积极征询客户评价。

汽车销售顾问：张先生，刚刚试驾了一圈，您最大的感受是什么呢？

客户：我觉得在高速上那一段感觉特别不错，加速的时候，推背感强烈，能听到发动机的轻微低鸣，再配上音响带来的摇滚乐，那种驾驶快乐真是难以形容。

汽车销售顾问：是呀，高速上行驶是挺有感觉的，这款车的前麦弗逊后多连杆式独立悬挂系统很有欧系运动型轿车的风格，而且稳固性和坚实感更好。我们刚行驶在坑洼路面时，方向盘还会有轻微的跳动，路感很清晰；而在普通路面行驶，跳动感又不会很明显，可以说是收放自如，舒适感和动力性共存，您说是吧？

客户：我在网上查资料的时候，就看到有网友说，这款车最适合我这样的三十而立的人开，该放松的时候这车可以让人放松；该狂奔的时候这车可以跑得比其他车都要豪放。它还真是这样的一款车。

汽车销售顾问：张先生，看来您对车真的挺有研究的。我很想知道，这款车有没有什么地方不太让您满意呢？

客户：油耗太高啦，百公里 15 升油呢，这样的一款车，养起来还真挺费力的。还有就是，这款车虽然从外形上看挺大气的，但是车内的空间其实并不大，前排空间还可以，但是后排空间就有点挤了。

汽车销售顾问：您说的是有道理的。这款车的标准油耗是百公里 11 升油左右。今天我们是大中午顶着太阳出去的，一直开着空调，所以油耗高了些。这款车的空间不能说小，这后排座椅是可以调节的，您看，这样调节一下，是不是显得空间要大多了呢？

客户：嗯，这样看起来还不错。

汽车销售顾问：您要是喜欢这款车，我们库房还有黑色和红色两种颜色呢。

客户：哦，我不急着买，再看看。

汽车销售顾问：张先生，不买没关系，您能试驾我们这款车，并且给出这么多专业的评价，我们已经很高兴了。我们店会将客户们试驾的评价和反映记下来，贴在我们展厅的这面墙上，您介不介意我把您刚才的评价也贴上去呢？

客户：哦，是吗？当然可以了，我也很想看看其他人试车后的感受。

理论考核

一、选择题

1. 试乘试驾的流程应该是（　　）。
   A. 客户试乘环节—换手环节—客户试驾环节
   B. 客户试驾环节—换手环节—客户试乘环节
   C. 客户试乘环节—换手环节—客户试驾环节—结束环节
   D. 客户试驾环节—换手环节—客户试乘环节—结束环节
2. 试乘试驾时机的选择包括（　　）。
   A. 在企业为宣传品牌形象而组织巡展活动时，可以通过试乘试驾吸引意向客户群，并设法获取客户资源
   B. 新车型上市后，可以通过试乘试驾，帮助销售顾问快速建立客户了解度与满足用户的尝鲜心理
   C. 一般地在天气状况不佳，如下雨雪大风等恶劣天气情况下，不宜进行试乘试驾活动
   D. 销售顾问要反复练习车辆的各种主要功能，以便在试驾全程中能系统地为客户做各项操控指导及性能的详细说明
3. 试乘试驾人员工作职责包括（　　）。
   A. 负责试乘试驾车辆的日常状态管理
   B. 负责试乘试驾车辆停放及维护
   C. 负责销售过程的试乘试驾过程
   D. 负责试乘试驾相关信息的登记工作
4. PDI 检查包括（　　）。
   A. 外观检查　　B. 驾驶室检查　　C. 发动机检查　　D. 路线检查
5. 客户满意的动作信号一般包括（　　）。
   A. 客户频频点头
   B. 仔细观察车辆
   C. 细看宣传资料
   D. 更加注意解说的态度

二、判断题

1. 客户试乘时不用系安全带。（　　）
2. 试驾后客户要对试驾体验进行评定。（　　）
3. 只要顾客有需求，所有到店客户均可试乘试驾。（　　）
4. 试乘试驾中客户没有驾驶证也可以试驾。（　　）
5. 所有到店客户均可试乘试驾。（　　）

微组织：教师检查纠错，学生改正错误。微评价：☆☆☆☆☆

笔记栏

项目七　异议处理

项目任务单

<table>
<tr><td>项目描述</td><td>完成客户异议解释和处理</td></tr>
<tr><td>项目要求</td><td>依据客户的购车需求，为客户推荐新车，并根据客户的异议进行解释和处理。
1. 为客户分析异议，达成共识；
2. 运用多种方法为客户解释异议；
3. 对客户异议做好反馈工作</td></tr>
<tr><td>学习目标</td><td>1. 能够正确描述客户异议的类型。
2. 能够正确描述客户异议处理的方法。
3. 能够正确描述反馈处理异议的原则。
4. 能够正确分析客户异议。
5. 能够正确处理客户提出的异议。
6. 能够正确反馈客户异议。
7. 能够自觉遵守岗位职责和行为规范。
8. 能够养成安全、环保、“5S”作业、团结协作的好习惯</td></tr>
<tr><td>项目载体</td><td>王先生对销售顾问李想的推荐十分满意，在车辆试乘试驾时体验非常好，回到销售洽谈区，王先生对车辆还有一些异议。销售顾问李想为客户王先生进行异议解释和处理
</td></tr>
<tr><td>计划学时</td><td>8~12 学时</td></tr>
</table>

工作页	上课地点		学生姓名		完成 / 未完成
	任课教师		上课时间		优 / 良 / 中 / 及格

项目导入

顾客异议处理环节中，顾客为了能够获得更好的成交价格，会提出很多异议，如果没有妥善处理这些异议，就给了顾客议价的机会或者造成顾客流失，所以妥善处理顾客异议，是成交前至关重要的一步。

销售顾问李想今天接到客户王先生到访的通知，对车辆购买有一些最后的异议，为了达成销售目标，李想今日早早来到了店里，准备答复客户王先生的异议。

一、想一想：结合汽车销售顾问李想今日的工作，回答下列问题

（1）在实现异议处理过程中，如何能够快速处理客户异议？

（2）请写出异议处理的基本流程？

二、写一写：异议处理的类型和工作用品

请在下图的方框中写上本次异议处理用到的主要用品名称，同时选择本次异议处理的方法。

用品 1：

用品 2：

用品 3：

用品 4：

异议类型：

价格异议□

质量异议□

服务异议□

销售异议□

微组织 1：教师检查纠错，学生改正错误。微评价：☆☆☆☆☆

三、安全教育与工作要求

请大声说出“到达工作地点，做好工作准备”，同时进行自检和互检。若已完成，请在方框内画上“√”。

□全体人员进入工作地点时，工作服应穿戴整洁，保证符合工作要求；

□工作时应携带带着自己名字的工作铭牌，禁止佩戴戒指等金属首饰；

□进入工作地点后严禁摆弄与本次工作无关的设备和工具，并把手机调成振动模式；

□严禁嬉戏打闹。

微组织 2：教师检查纠错，学生改正错误。微评价：☆☆☆☆☆

项目实施

任务一　分析购车异议

流程一：工作准备

根据服务流程要求做好工作准备，请检查工作准备情况，并将检查结果填入“分析购车异议工作准备情况检查表”，见表 7-1-1。若已准备好，请在方框里画上“√”；若有遗漏，请补充后画上“√”。

表 7-1-1　分析购车异议工作准备情况检查表

项　目	内　容
工作地点	汽车洽谈区□
工作设施	洽谈桌□　座椅□
工作用品	销售文件夹□　销售顾问名片□　碳素笔□　写字板□　客户异议分析表□

微组织 1：教师检查纠错，学生改正错误。微评价：☆☆☆☆☆

流程二：分析购车异议

1. 通过学习主教材的视频和相关内容，制订工作计划，并填写在“分析购车异议工作计划表”中，见表 7-1-2。

表 7-1-2　分析购车异议工作计划表

工序	内　容	工 作 用 品
1		
2		
3		
4		

微组织 2：教师检查纠错，学生改正错误。微评价：☆☆☆☆☆

2. 请实施情景演练并总结工作过程中存在的问题，将问题填写在“分析购车异议问题汇总简析表”，并对原因进行简要分析，见表 7-1-3。

表 7-1-3　分析购车异议问题汇总简析表

客户异议分析表			
客户姓名：	意向车型：	产品介绍：	
真实异议：　是□　否□		表面异议：　是□　否□	
购买需求异议		解决情况	
购买力异议		□已完成	□未完成
服务异议		□已完成	□未完成
价格异议		□已完成	□未完成
客户自身异议		□已完成	□未完成
产品异议		□已完成	□未完成
销售顾问异议		□已完成	□未完成
其他异议		□已完成	□未完成
		□已完成	□未完成
		□已完成	□未完成
销售顾问：		时间：	
备注：			

问题1：

问题2：

简单分析 1：
简单分析 2：
其　他：

微组织 3：教师检查纠错，学生改正错误。微评价：☆☆☆☆☆

3. 请在图 7-1-1 中对客户异议类型进行连线，并说明最常见的三种异议类型。

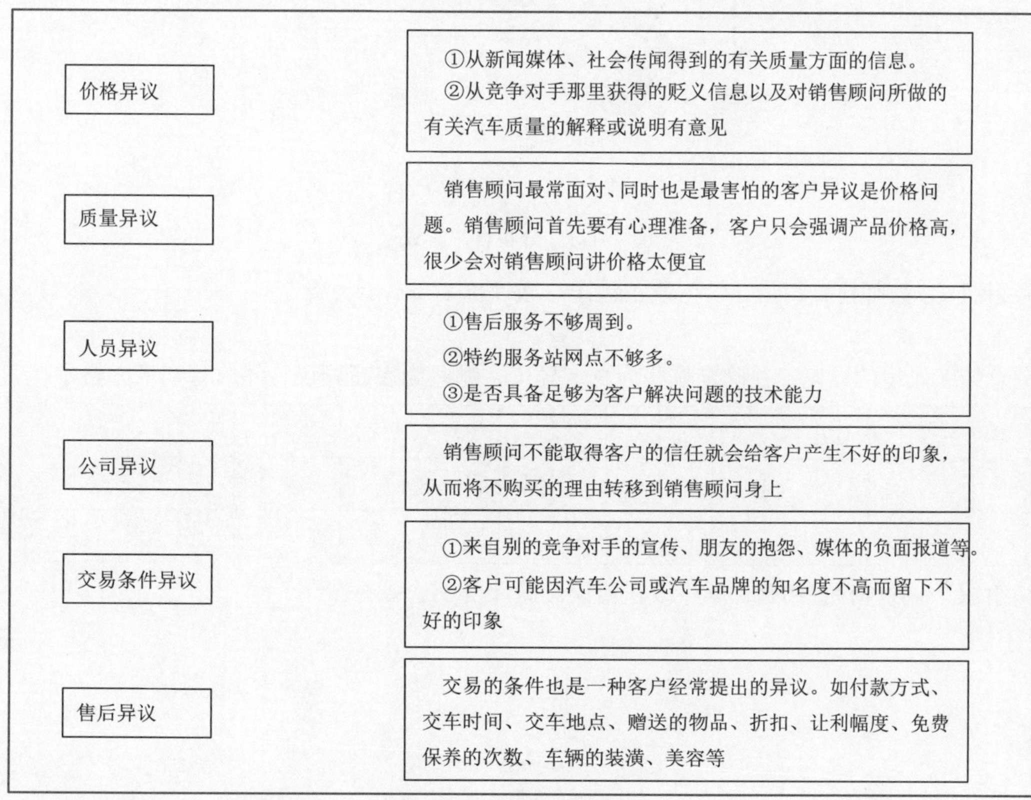

图 7-1-1　客户异议类型

微组织 4：教师检查纠错，学生改正错误。微评价：☆☆☆☆☆

4. 请在图 7-1-2 中写出客户异议的常见类型，并说明常见异议的两种类型。

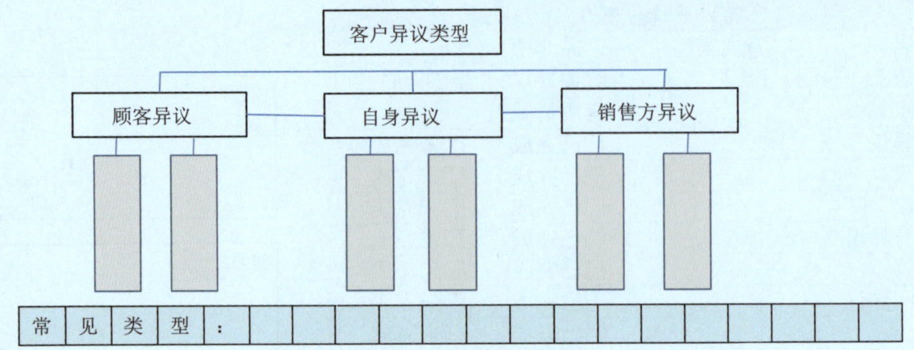

图 7-1-2 客户异议类型

微组织 5：教师检查纠错，学生改正错误。微评价：☆☆☆☆☆

5. 请在图 7-1-3 中填写分析购车异议流程，并说明视频中王先生是其中哪一种异议类型。

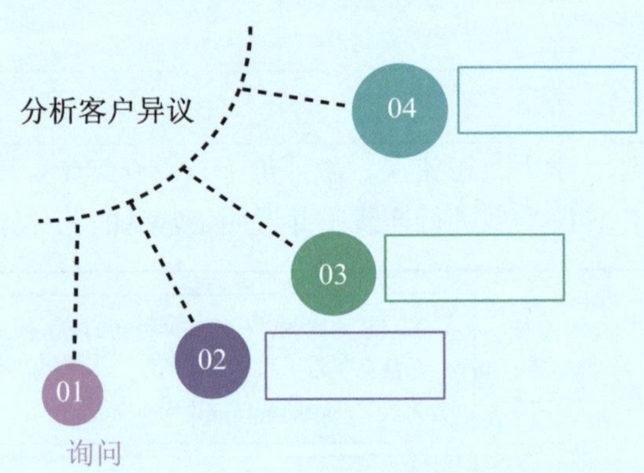

图 7-1-3 分析客户异议

微组织 6：教师检查纠错，学生改正错误。微评价：☆☆☆☆☆

6. 总结王先生的异议，并确定哪些为真实异议，哪些为表面异议，并填写到下方格中。

微组织 7：教师检查纠错，学生改正错误。微评价：☆☆☆☆☆

案　例

案例一：客户希望购买合资品牌的车。

客户觉得合资品牌的汽车或者进口汽车在知名度、质量、技术、设计等方面比较有优势，而国产品牌汽车具有价格优势，性价比不错，在设计上考虑了国人的体型、驾驶习惯等特点。

客户：我觉得十多万元左右还是买合资品牌的车比较好，国产品牌的汽车在性能、设计和质量上与其相比还是有差距的。

汽车销售顾问：张先生，您这个想法一点也不奇怪，好些客户都这么想过。

客户：嗯。

汽车销售顾问：我在上半年接待过一位客户，他最开始跟您的想法一模一样，不想买我们国产的，想买合资品牌的车。后来，他一连试驾了我们这款车三次，最后果断地买下来了，我现在还记得他当时说的一句话，他说“不管是合资的还是国产的汽车，都是在国内造的，没有本质区别。但是，同样 10 万元，买合资品牌的车辆只能买中低配置的，而买国产车却可以买到高配置的，性价比高，再说维修保养既方便也经济。”他买这款车也有半年时间了，前几天他驾车路过这里，我们还聊了几句，他说车子现在用着很好，一点也不后悔。

客户：是吗?

汽车销售顾问：我们待会儿要去 ×× 路试驾，李先生刚好在那条路上开着一家烟酒店，我们可以顺便去跟他聊聊，您也可以详细了解一下国产车用起来到底如何呀。

客户：好吧，就这么办。

案例二：我等你们降价后再来买。

客户觉得车辆还有降价的空间，打算等车辆降价之后再回来购买。

客户：我都来你们店两回了，这款车还是一点折扣都没有，我再等等，你们什么时候降价打折，我什么时候过来买。

汽车销售顾问：张先生，如果这款车有一天真的降价打折了，我一定不会劝您买。（引发客户好奇）

客户：为什么啊？

汽车销售顾问：这款车是我们最经典的车型，上市以来累计销量已经突破了 80 万辆。我销售这款车型四年了，除了店里推出的优惠活动，我从没见过它降价或者打折，说它是我们价格最稳定的车型可是一点都不夸张。它是二手车市场保值率排名第一的车型。很多客户买它就是看准了它保值率高，轻易不贬值。如果有一天这款车降价打折了，那有可能是快停产了，我肯定不会劝您买。

客户：唔……

汽车销售顾问：张先生，可以这么说，现在市面上质量最稳定、最耐用、最保值的就是这款车，以您的年龄和职业，将来您肯定会有大发展，两三年之后换车是必然的，而这款车，您用的时候可以体验到它最稳定的性能和质量，您更换它的时候，也可以以最小的损失顺利脱手，拥有这样的车，您一定不会后悔的。

客户：听你这么一分析，确实挺有道理的。

汽车销售顾问：早买可以早享用，我相信在您的生活和工作中，一定需要这么一款“座驾”，是吧？您看，我们去看看现车好吗?

客户：也对，我们去看看现车吧！

任务二　处理购车异议

流程一：工作准备

根据服务流程要求做好工作准备，请检查工作准备情况，并将检查结果填入“处理购车异议工作准备情况检查表”，见表 7-2-1。若已准备好，请在方框里画上“√”；若有遗漏，请补充后画上“√”。

表 7-2-1　处理购车异议工作准备情况检查表

项　　目	内　　容
工作地点	汽车销售顾问办公区□
工作设施	办公桌□　座椅□　车辆□
工作用品	办公计算机□　办公电话□　手机□　写字板□　车辆查询系统□

微组织 1：教师检查纠错，学生改正错误。微评价：☆☆☆☆☆

流程二：处理购车异议客户

1. 通过学习主教材的视频和相关内容，制订工作计划，并填写在“处理购车异议工作计划表”中，见表 7-2-2。

表 7-2-2　处理购车异议工作计划表

工序	工 作 内 容	工作注意事项
1		
2		

微组织 2：教师检查纠错，学生改正错误。微评价：☆☆☆☆☆

2. 请实施情景演练并总结工作过程中存在的问题，将问题填写在“处理购车异议问题汇总简析表”中，并对原因进行简要分析，见表 7-2-3。

表 7-2-3　处理购车异议问题汇总简析表

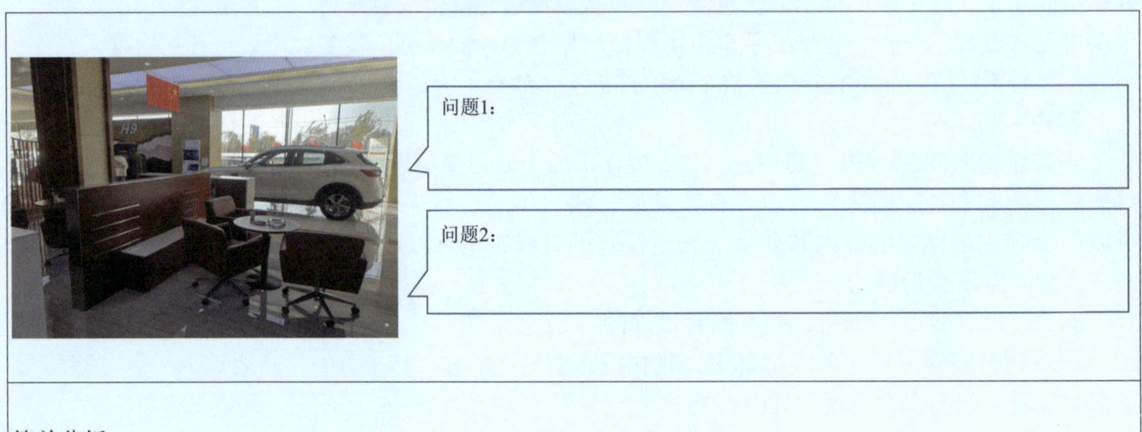

简单分析 1：

简单分析 2：
其　他：

微组织 3：教师检查纠错，学生改正错误。微评价：☆☆☆☆☆

3. 请在图 7-2-1 的方格内写出处理购车异议的 LSCPA 法则。

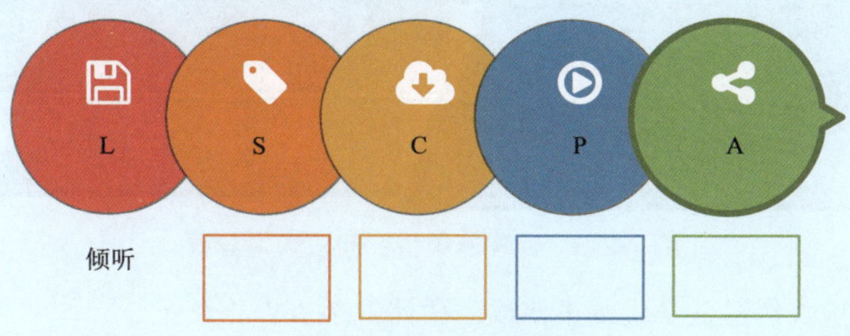

图 7-2-1　处理异议法则

微组织 4：教师检查纠错，学生改正错误。微评价：☆☆☆☆☆

4. 请在图 7-2-2 的方框中填写处理销售顾问权限内的异议流程。

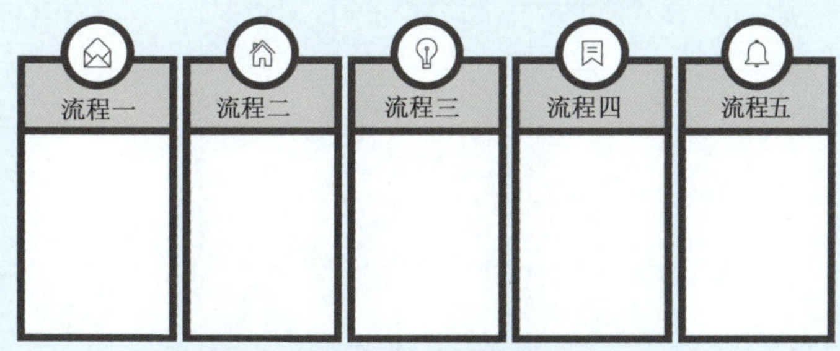

图 7-2-2　处理销售顾问权限内异议

微组织 5：教师检查纠错，学生改正错误。微评价：☆☆☆☆☆

5. 请在图 7-2-3 的方框中填写处理非销售顾问权限内的异议的流程，并说明其与销售顾问权限的区别。

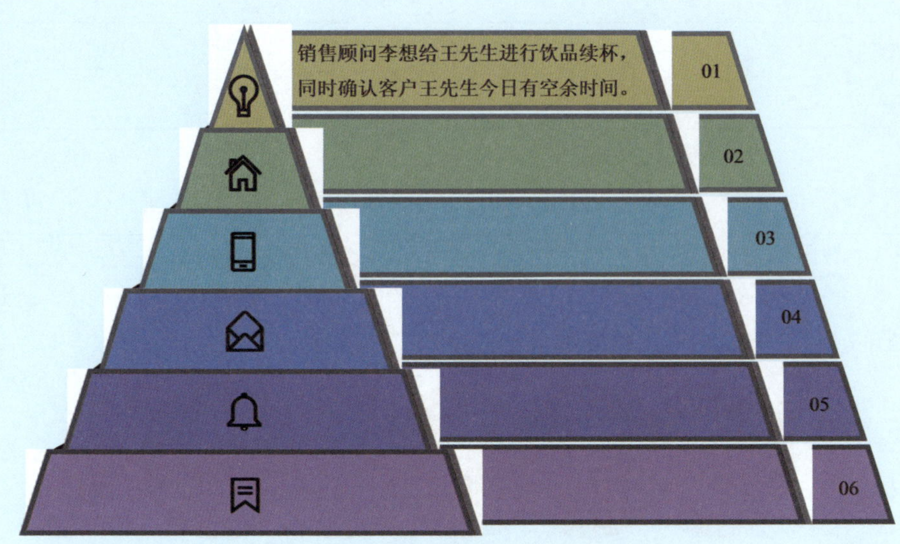

图 7-2-3　处理非销售顾问权限内异议

微组织 6：教师检查纠错，学生改正错误。微评价：☆☆☆☆☆

6. 请同学们仔细阅读，思考处理销售顾问权限内异议和处理非销售顾问权限内异议的区别，将思考内容填写到下方格内。

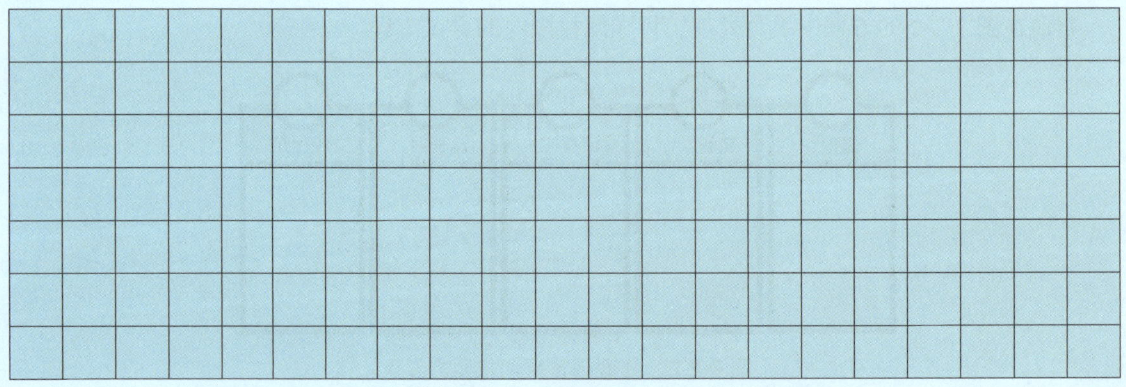

微组织 7：教师检查纠错，学生改正错误。微评价：☆☆☆☆☆

案　例

案例一：客户的朋友觉得这款车不太好。

客户王先生带着他的朋友孙先生一起来参加试乘试驾，试乘试驾后，客户比较满意，但是孙先生却不太看好这款车……

汽车销售顾问：孙先生，看得出来您对汽车很精通，能跟我说说这款车哪里不太令人满意吗？

孙先生：它外观非常漂亮，内饰也还可以，但提速比较慢，而且这款车的动力一般。

汽车销售顾问：孙先生，难怪王先生选车会那么尊重您的意见，您真的相当内行。说实话，要论动力性、加速性，确实不是这款车的强项。我了解到王先生买车是为了给新婚的太太一个惊喜，是吧？

客户：嗯，是这样的。

汽车销售顾问：您对太太真好，我相信，收到这样一份特别的礼物，您太太这一辈子都会记在心里的。女士用车和男士用车有一些不一样，像孙先生，就会看重驾驶的快感和乐趣，一马当先，纵横驰骋，这才是男士心中的好车，孙先生，您说是不是？

孙先生：没错。

汽车销售顾问：女士用车最看重的则是美观、舒适还有安全，王先生，您想想，如果您太太来选车，她是不是会选一款外形美观漂亮、空间舒适宽敞、安全保障齐备的车呢？

客户：嗯，我觉得是。

汽车销售顾问：我们这一款车是专为女士打造的，无论是外形还是空间，都非常迎合女性的需求，尤其是安全配置，它配备了预紧式安全带、六大安全气囊、人体工学安全座椅、四门内置强化防撞钢梁等配置，它们可以为您太太提供多重的安全防护。孙先生，您对汽车非常了解，您说是不是这样的呢？

孙先生：嗯，你说的没错。

汽车销售顾问：王先生，孙先生，您二位觉得这款车怎么样？我敢说，王太太如果看到这样一款时髦炫丽的车子，一定会很高兴的。

客户：嗯，那就定这台车吧。

案例二：赠品我不要，直接抵现金。

客户想把赠品直接抵换现金，让车辆价格进一步优惠。

客户：你刚才说，买这款车的话，就赠价值 2 800 元的赠品，是吧？我听朋友说，一般买车赠送的东西都是劣质品，不好用。我不要赠品，这 2 800 元，就直接抵车款吧。

汽车销售顾问：王先生，我理解您的想法。您两次过来都是我接待的，一回生、二回熟，我已经拿您当朋友了。如果这些赠品可以抵车款，我肯定早就给您折换了。这款车的价格很透明，在其他的店售价也是差不多的。我给您报的是最优惠的价格。这价值 2 800 元的赠品本来是买中级车才会赠送的，我是觉得和您很投缘，所以特地跟店里申请来的。这些赠品确实非常实用，而且都是市场上不错的品牌产品，质量上绝对有保证。

客户：原来是小李您申请的，其他人没有吗？

汽车销售顾问：我给您走的是上次赠品优惠，其他没有参加活动的人肯定是没有的。

客户：哦，这样吧，那你再帮我算算保险的价格吧。

任务三　反馈异议处理

流程一：工作准备

根据服务流程要求做好工作准备，请检查工作准备情况，并将检查结果填入“反馈异议处理工作准备情况检查表”，见表 7-3-1。若已准备好，请在方框里画上“√”；若有遗漏，请补充后画上“√”。

表 7-3-1　反馈异议处理工作准备情况检查表

项　　目	内　　容
工作地点	汽车销售顾问办公区□
工作设施	办公桌□　座椅□　车辆□
工作用品	办公电脑□　办公电话□　手机□　写字板□　车辆查询系统□

微组织 1：教师检查纠错，学生改正错误。微评价：☆☆☆☆☆

流程二：反馈异议处理客户

1. 通过学习主教材的视频和相关内容，制订工作计划，并填写在“反馈异议处理工作计划表”中，见表 7-3-2。

表 7-3-2　反馈异议处理工作计划表

工序	内　　容	工 作 用 品
1		
2		
3		

微组织 2：教师检查纠错，学生改正错误。微评价：☆☆☆☆☆

2. 请实施情景演练并总结工作过程中存在的问题，将问题填写在“反馈异议处理问题汇总简析表”，并对原因进行简要分析，见表 7-3-3。

表 7-3-3　反馈异议处理问题汇总简析表

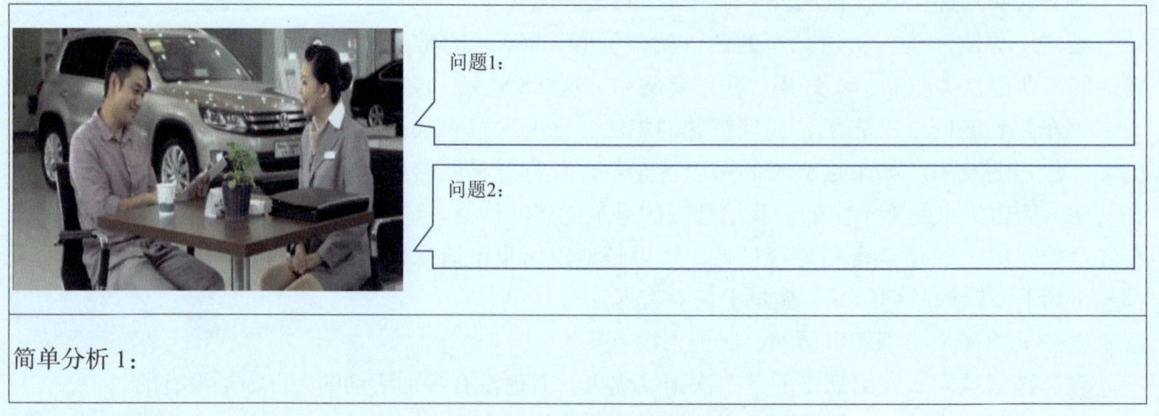

问题1：

问题2：

简单分析 1：

简单分析 2：
其　他：

微组织 3：教师检查纠错，学生改正错误。微评价：☆☆☆☆☆

3. 请在图 7-3-1 方格内填写出反馈异议处理的心理准备。

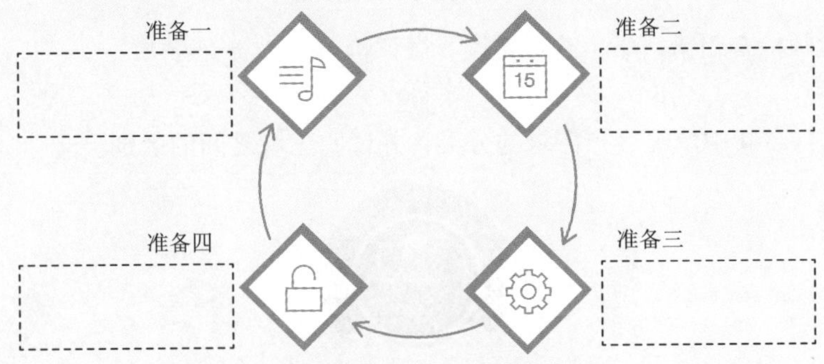

图 7-3-1　反馈异议处理心理准备

微组织 4：教师检查纠错，学生改正错误。微评价：☆☆☆☆☆

4. 请在图 7-3-2 中将反馈异议处理原则对应项连线。

事前做好准备	在异议显得模棱两可、含糊其词、让人费解；异议显然站不住脚、不攻自破；异议不是三言两语可以辩解得了的；异议超过了销售人员的议论和能力水平；异议涉及较深的专业知识，解释不能让客户马上理解等情况下，销售人员应暂时保持沉默
选择恰当的时机	消除客户异议的最好方法。销售顾问选择恰当的时机并给予解释，这样可使销售人员争取主动，从而避免因纠正客户看法或反驳客户的意见而引起的不快
需要时可以暂时保持沉默	销售人员进行异议反馈应遵循的一个基本原则。考虑一个完善的答复。面对客户的拒绝，若事前有准备就可以心中有数，从容应付

图 7-3-2　反馈异议处理的原则

微组织 5：教师检查纠错，学生改正错误。微评价：☆☆☆☆☆

5. 请在图 7-3-3 方格内写出反馈异议处理中管理客户的期望值，并说明视频中王先生属于其中哪一种类型。

图 7-3-3　反馈异议处理的原则

微组织 6：教师检查纠错，学生改正错误。微评价：☆☆☆☆☆

6. 请在下发图 7-3-4 中填写客户需求的分类，并说明三者之间的区别。

图 7-3-4　客户需求分类

微组织 7：教师检查纠错，学生改正错误。微评价：☆☆☆☆☆

7. 根据视频中王先生对售后的异议，对王先生应该如何消除异议。

微组织 8：教师检查纠错，学生改正错误。微评价：☆☆☆☆☆

案　例

案例一：我要先和家人商量商量。

客户对车辆非常满意，但还要和家人商量一下，征求下大家的意见。

客户：买车也不是小事，十多万元呢，我要先和家人商量商量。

汽车销售顾问：张先生，是不是我们这款车您不太满意啊？

客户：不是，不是，我都试了两回车了，它给我的感觉非常好。我就是想听听家里人的意见。

汽车销售顾问：确实，买车要花钱，养车也需要花钱，而且车子也是要与家人一起使用的，家人的参与确实很重要。张先生，您这样细心顾及全家的感受您的家庭一定很幸福。

客户：呵呵，还可以。

汽车销售顾问：张先生，我有个小故事，不知道您想不想听呢？我对小时候的事情印象不深，但是有一件事记得特别清楚，五六岁的时候吧，我爸瞒着家人买了一台电视机，用大红的包装纸盖着，摆在桌子上，蒙着我的眼睛让我打开包装，当我看到电视机的时候，我乐得整整两天没心思吃饭，直到现在我还记得当初又惊又喜的心情。我觉得，如果您真的喜欢这辆车，那么您的妻子和孩子也一定会喜欢的，为什么不给他们一个惊喜呢？后天就是周末，您想，当您蒙着孩子的眼睛，将他抱到副驾驶座上，再放开手让孩子看到这款帅气的车时，他该有多么兴奋啊！我相信，就算他到我这个年纪时，也还会记得第一次看到这款车时的情景。

客户：哈哈，是呀，我爸当年买回第一台电视的时候，我跟你也是一样的心情。你这个点子好，就这么办吧，给孩子一个惊喜。

汽车销售顾问：那您看，选什么颜色呢？您孩子最喜欢哪种颜色呢？

案例二：便宜 2 000 元吧，凑整我就买了。

客户想把车款凑整，希望销售顾问能再次优惠 2 000 元。

客户：你看，能不能便宜 2 000 元啊？要是可以，我就提车，要是不行，那就算了。

汽车销售顾问：便宜 2 000 元呀！王先生，现在汽车的价格非常透明，没多少水分，我们平时卖一辆车的利润再高，也不超过 1 000 元呢。

客户：便宜 2 000 元，刚好 12 万元。

汽车销售顾问：这我真的做不了主，我能报的最低价就是 12.2 万元。价格要再低，就只能求我们经理批了。

客户：那你去找你们经理说说呀。

汽车销售顾问：我还真不敢。如果我找了经理，您又不买了，经理肯定会认为我没能力，会狠狠批评我的。

客户：你放心，只要能优惠一点，我肯定买。

汽车销售顾问：那好吧，王先生，我去找经理求求情，能争取多少优惠我尽量争取，如果实在争取不下来，您别怪我呀。

客户：好的。

汽车销售顾问：王先生，我们经理狠狠批了我一顿，说我每次都报低价。我磨了半天嘴皮子，好说歹说，最后我们经理总算松口了，给您低价，12.1 万元，这是我们的最低价了，再低我们真就要亏本了。

客户：好吧，能便宜 1 000 也行，达到我的心理价位了，小李，你也不容易，我们这就去刷卡吧。

理论考核

一、选择题

1. 让客户满意的技巧是（　　）。

A．说到做到　　B．过度宣传
C．没有说的必须拒绝　　D．只说不做

2. 客户异议行为分为（　　）。

A．真实异议　　B．表面异议　　C．价格异议　　D．质量异议

3. LSCPA 的法则中，最重要的 L 表示（　　）。

A．倾听　　B．分担　　C．澄清　　D．要求

4. 反馈异议处理的原则是（　　）。

A．事前做好准备　　B．选择恰当的时机
C．需要时可以暂时保持沉默　　D．购买力需求

5. 客户需求的内容包括（　　）。

A．基本需求　　B．期望需求　　C．惊喜需求　　D．配置需求

二、判断题

1. 让客户满意的技巧是客户想听什么就说什么。（　　）

2. 销售顾问最常面对、同时也是最害怕的客户异议是价格问题。（　　）

3. 销售顾问李想详细记录客户王先生的二次异议，针对客户王先生的异议，进行及时回复，同时提出合理化的建议。（　　）

4. 销售员要注意不要逼迫客户做出决策，要有足够的耐心与客户进行良好的沟通，从而达成双方相互理解和共识的过程。（　　）

5. 销售顾问选择恰当的时机并给予解释，这样可使销售人员争取主动，从而避免因纠正客户看法或反驳客户的意见而引起的不快。（　　）

微组织：教师检查纠错，学生改正错误。微评价：☆☆☆☆☆

项目八　报价成交

项目任务单

项目描述	完成与客户洽谈报价成交
项目要求	依据客户的购车需求，为客户推荐意向车型，并根据客户的需求，与王客户进行洽谈，完成报价成交。 1. 与客户进行洽谈完成新车报价成交。 2. 为客户推荐符合需求的汽车精品。 3. 为客户提供汽车相关业务
学习目标	1. 能够正确地计算价格和提供报价单。 2. 能够正确地向客户确认最终报价。 3. 能够正确地向客户推荐汽车精品。 4. 能够正确地引导客户完成洽谈，完成新车报价成交。 5. 能够正确地向客户推荐汽车精品。 6. 能够正确地向客户提供汽车相关业务。 7. 能够正确地向客户推荐装潢、保险等附加值销售。 8. 能够自觉遵守岗位职责和行为规范。 9. 能够养成安全、环保、“5S”作业、团结协作的好习惯
项目载体	王先生对销售顾问李想的推荐十分满意，车辆试乘试驾体验非常好，回到销售洽谈区，王先生想在车辆价格方面和销售顾问洽谈一下。销售顾问李想为客户王先生进行报价成交
计划学时	8~12 学时

工作页	上课地点		学生姓名		完成 / 未完成
	任课教师		上课时间		优 / 良 / 中 / 及格

项目导入

正确的营销方式，不是价格调得越低销量越大，也不是钱花得越多越好。而是充分利用价值与价格的关系，以整合的方法来提高消费者对产品的满意度。就是以相对小的投入，为产品或服务增加尽可能多的品牌价值。消费者在购买产品的同时，还能享受到增值的服务和需求的满足。

李想解答了客户王先生的异议，王先生对李想的服务十分满意，李想现在打算给王先生计算一下购车的价格。

一、想一想：结合汽车销售顾问李想今日的工作，回答下列问题

（1）为了实现报价达到客户的预期，应如何进行洽谈，保成报价成交？

（2）洽谈报价成交的方法有哪些？我们该如何向客户报价呢？

二、写一写：报价成交的方法和工作用品

请在下图的方框中写上本次报价成交用到的主要用品名称，同时在对应的报价成交的方式后画上“√”。

用品 1：

用品 2：

用品 3：

用品 4：

报价成交

报价方式：

优势报价法□

迂回报价法□

对半报价法□

让客户报价法□

微组织 1：教师检查纠错，学生改正错误。微评价：☆☆☆☆☆

三、安全教育与工作要求

请大声说出“到达工作地点，做好工作准备”，同时进行自检和互检。若已完成，请在方框内画上“√”。

□全体人员进入工作地点时，工作服应穿戴整洁，保证符合工作要求；

□工作时应携带带着自己名字的工作铭牌，禁止佩戴戒指等金属首饰；

□进入工作地点后严禁摆弄与本次工作无关的设备和工具，并把手机调成振动模式；

□严禁嬉戏打闹。

微组织 2：教师检查纠错，学生改正错误。微评价：☆☆☆☆☆

项目实施

任务一　洽谈报价成交

流程一：工作准备

根据服务流程要求做好工作准备，请检查工作准备情况，并将检查结果填入“洽谈报价成交工作准备情况检查表”，见表 8-1-1。若已准备好，请在方框里画上“√”；若有遗漏，请补充后画上“√”。

表 8-1-1　洽谈报价成交工作准备情况检查表

项　目	内　容
工作地点	洽谈室□
工作设施	洽谈桌□　座椅□
工作用品	销售文件夹□　销售顾问名片□　碳素笔□　写字板□

微组织 1：教师检查纠错，学生改正错误。微评价：☆☆☆☆☆

流程二：洽谈报价成交

1. 通过学习主教材的视频和相关内容，制订工作计划，并填写在“洽谈报价成交工作计划表”中，见表 8-1-2。

表 8-1-2　洽谈报价成交工作计划表

工序	工 作 内 容	工作注意事项
1		
2		
3		
4		
5		
6		

微组织 2：教师检查纠错，学生改正错误。微评价：☆☆☆☆☆

2. 请实施情景演练并总结工作过程中存在的问题，将问题填写在“洽谈报价成交问题汇总简析表”中，并对原因进行简要分析，见表 8-1-3。

表 8-1-3　洽谈报价成交问题汇总简析表

汽车报价单			
欲购买意向车型		颜　色	
车价		发动机号	
上牌费		附件加装	
车船税			
购置税			
服务费			
总计			
客户签名			
销售顾问签名			
备注：			

问题1：

问题2：

简单分析 1：
简单分析 2：
其　他：

微组织 3：教师检查纠错，学生改正错误。微评价：☆☆☆☆☆

3. 请在图 8-1-1 的方格内写出说明销售方案的步骤。

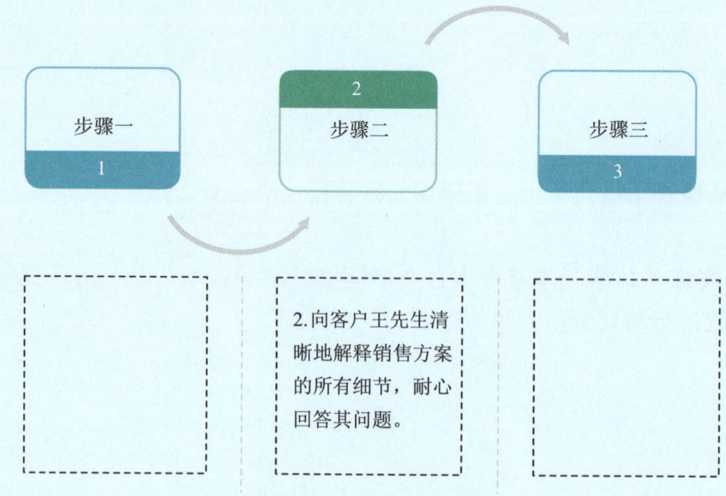

图 8-1-1　说明销售方案

微组织 4：教师检查纠错，学生改正错误。微评价：☆☆☆☆☆

4. 请在图 8-1-2 的方格内，填写报价成交说明，并进行逐条解释。

图 8-1-2　报价成交说明

微组织 5：教师检查纠错，学生改正错误。微评价：☆☆☆☆☆

5. 请在图 8-1-3 中进行报价方法的连线，并说明常见的报价方法。

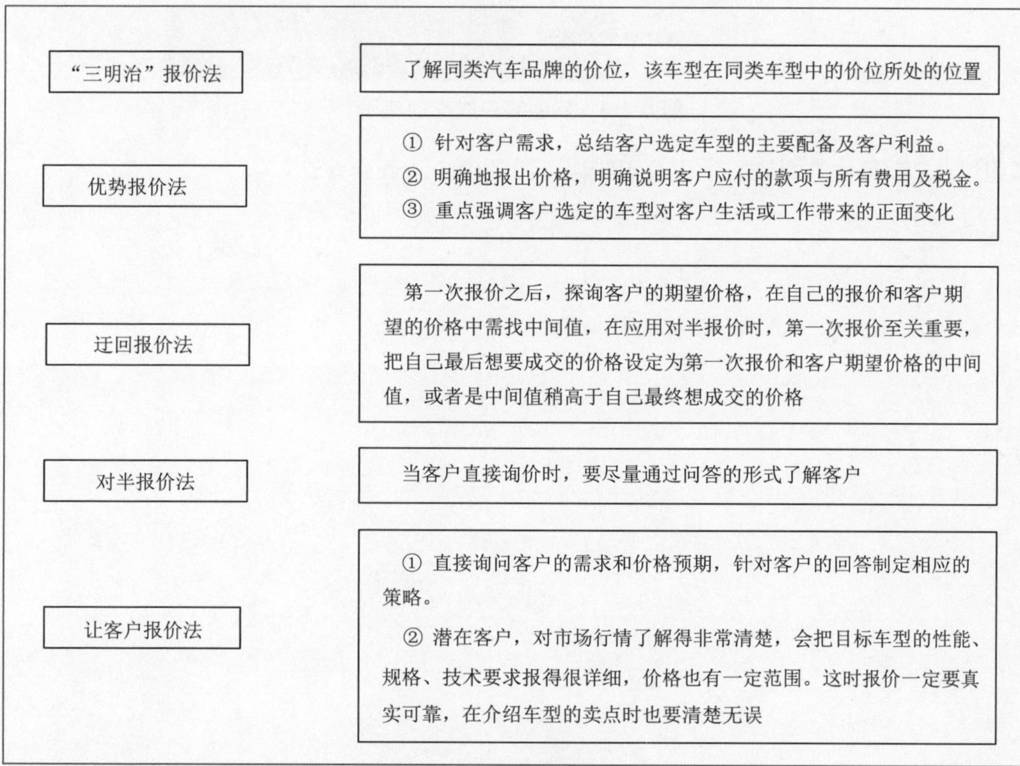

图 8-1-3　报价方法

微组织 6：教师检查纠错，学生改正错误。微评价：☆☆☆☆☆

6. 请在图 8-1-4 的方格内填写判断客户成交的流程，以便快速完成成交。

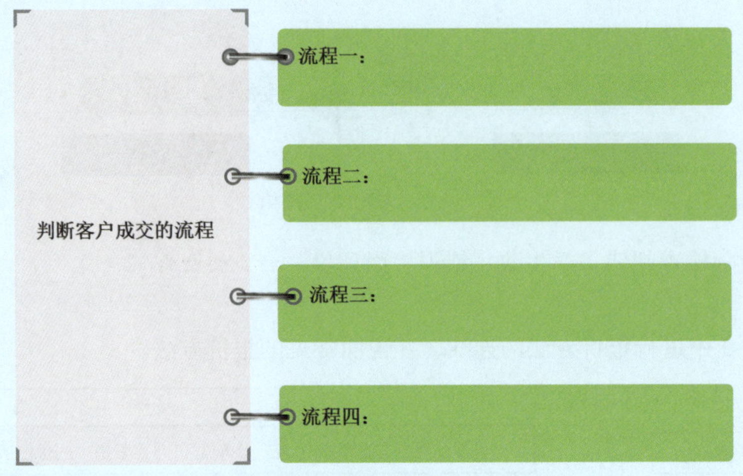

图 8-1-4　判断客户成交的流程

微组织 7：教师检查纠错，学生改正错误。微评价：☆☆☆☆☆

案　例

案例一：客户觉得你们的车不错，但太贵了。

客户从静态介绍到试乘试驾，对车辆都十分认可，但是还是觉得销售价格有点高。

客户：我觉得你们的车还不错，但是太贵了。

汽车销售顾问：张先生，您为什么会觉得这价格贵呢？（询问为什么）

客户：我来之前在网上查的价格比你刚才的报价要便宜 8 000 多元呢！

汽车销售顾问：嗯，这种情况是有可能的。为了吸引客户，网上的售价通常都会比实际价格低。张先生，您会不会在网上买汽车呢？

客户：我会上网查查价格和配置，但是上网买车，我没考虑过。

汽车销售顾问：是啊，网上购车虽然会便宜一点，但是质量与售后服务难以保障。汽车不比衣服鞋帽，它是大件贵重的商品，网上即使报价再低，真正购买却不实际。您放心，现在汽车这一行的竞争非常激烈，信息也非常透明，价格上很难有水分。而且我们店是市内最大的经销商，给您的肯定是最优惠的价，这一点我非常有信心。我们经常会了解同行的汽车售价，我报给您的价格确实是最低的。您是企业老板，您的朋友多，而且交往的多是精英人士，我们不想和您做一锤子买卖，我们更希望您购车满意，能多介绍朋友来光顾，所以，在价格上报的都是实价。

客户：哦，是这样啊，我明白了。

案例二：客户怕车辆降价。

客户担心车辆购买之后，其他店内销售的价格会下降，想等到最低价格的时候购买。

客户：要是我今天在你们这里花 12.8 万元买了这款车，过几天我发现别的店售价更便宜，那我不是亏大了？

汽车销售顾问：张先生，除了这个问题之外，您还有没有其他的顾虑呢？

客户：我就担心这点。

汽车销售顾问：那就是说，如果这个问题解决了，就没有什么问题了，是吧？

客户：嗯。

汽车销售顾问：这个价格我是很有信心的。我们店是本地排名前列的经销商，价格上可以保证优惠。我给您报的价格是最优惠的折扣，是成本价，其他店不会有比我们更低的价格。如果您不放心，我们可以在合同中注明，如果两个月内您发现其他正规的店面销售的这款车型比我们的这个售价还要低，我们双倍返还您差价，您看，这样放心了吧？

客户：那行，我相信你，你拿合同来看看。

任务二 推荐汽车精品

流程一：工作准备

根据服务流程要求做好工作准备，请检查工作准备情况，并将检查结果填入“推荐汽车精品工作准备情况检查表”，见表 8-2-1。若已准备好，请在方框里画上“√”；若有遗漏，请补充后画上“√”。

表 8-2-1 推荐汽车精品工作准备情况检查表

项　目	内　容
工作地点	汽车销售顾问办公区□
工作设施	办公桌□　座椅□　车辆□
工作用品	办公计算机□　办公电话□　手机□　写字板□　车辆查询系统□

微组织 1：教师检查纠错，学生改正错误。微评价：☆☆☆☆☆

流程二：推荐汽车精品客户

1. 通过学习主教材的视频和相关内容，制订工作计划，并填写在“推荐汽车精品工作计划表”中，见表 8-2-2。

表 8-2-2 推荐汽车精品工作计划表

工序	工 作 内 容	工作注意事项
1		
2		
3		
4		
5		
6		

微组织 2：教师检查纠错，学生改正错误。微评价：☆☆☆☆☆

2. 请实施情景演练并总结工作过程中存在的问题，将问题填写在“推荐汽车精品问题汇总简析表”中，并对原因进行简要分析，见表 8-2-3。

表 8-2-3 推荐汽车精品问题汇总简析表

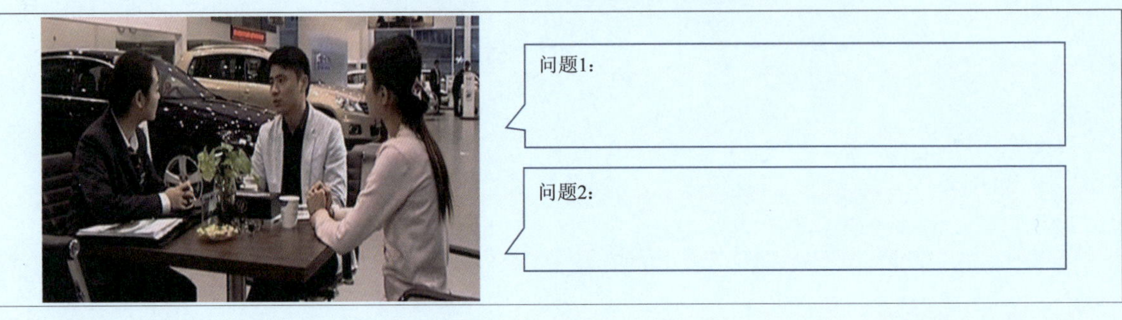

简单分析 1：
简单分析 2：
其　他：

微组织 3：教师检查纠错，学生改正错误。微评价：☆☆☆☆☆

3. 请在图 8-2-1 的方格内写出汽车精品的分类。

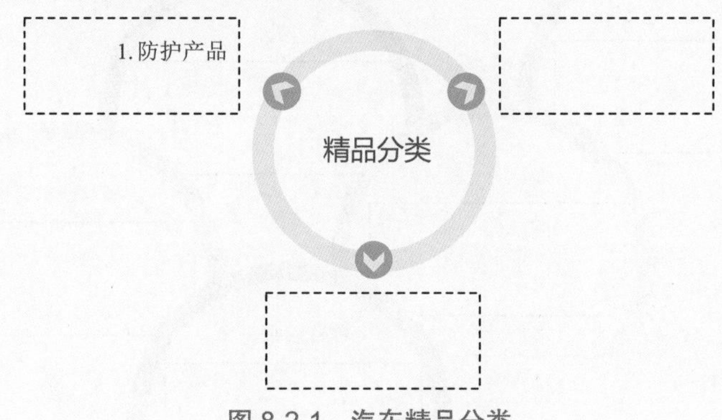

图 8-2-1　汽车精品分类

微组织 4：教师检查纠错，学生改正错误。微评价：☆☆☆☆☆

4. 请在图 8-2-2 的方框中填写推荐防护精品的说明，并逐条进行解释。

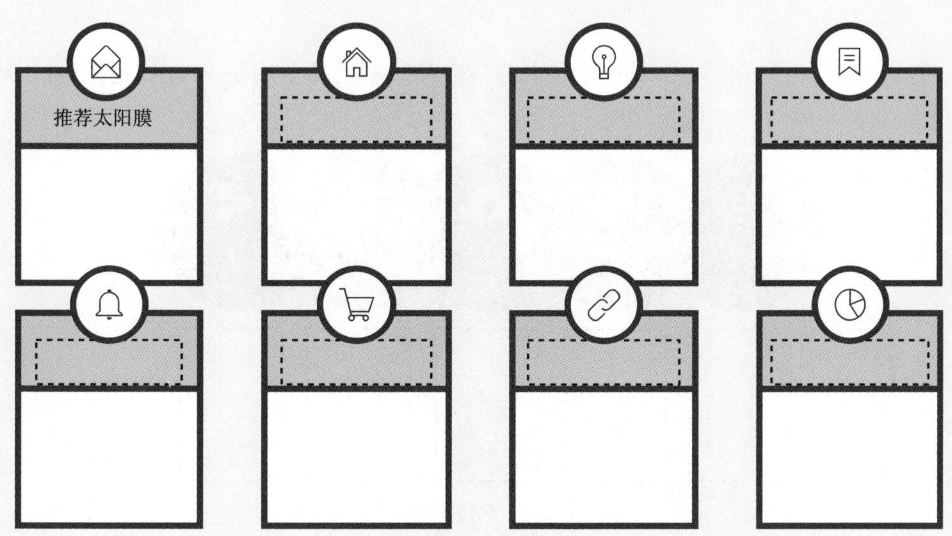

图 8-2-2　防护精品说明

微组织 5：教师检查纠错，学生改正错误。微评价：☆☆☆☆☆

5. 请在方格内写出汽车精品按照销售模式的四种分类方式，并说明客户选择最多的销售模式是其中哪一种。

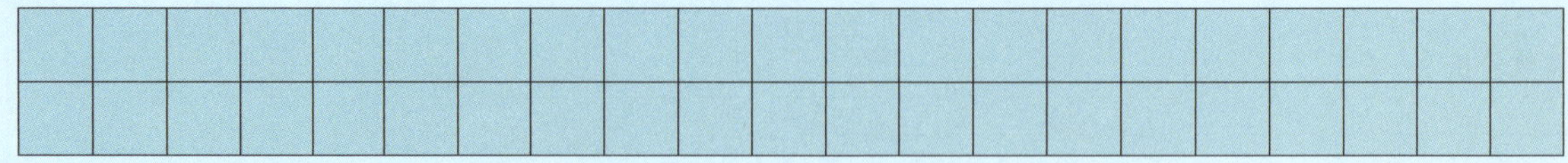

微组织 6：教师检查纠错，学生改正错误。微评价：☆☆☆☆☆

6. 请在图 8-2-3 的方框中填写推荐电子精品的说明，并逐条进行解释。

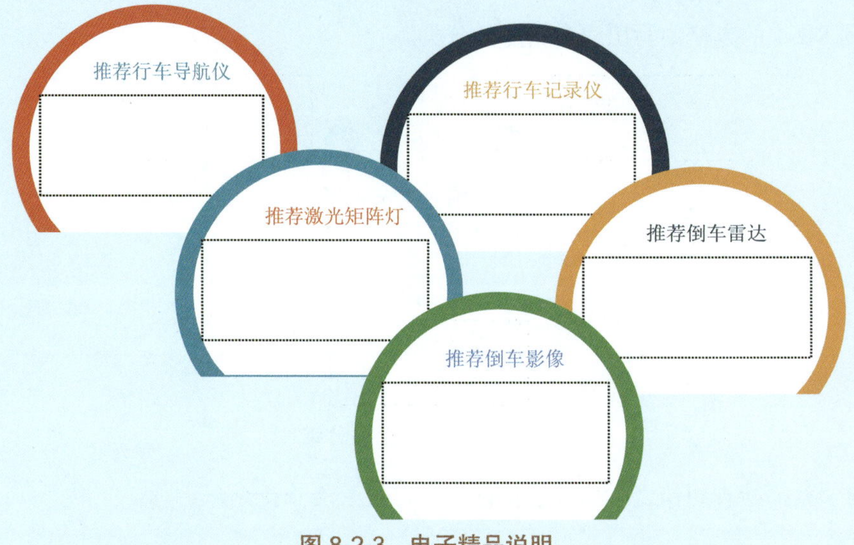

图 8-2-3　电子精品说明

微组织 7：教师检查纠错，学生改正错误。微评价：☆☆☆☆☆

7. 通过阅读学习，请在图 8-2-4 的方框中填写推荐汽车精品常用的 RFABE 法则的含义，说出你认为的最重要的是哪个？并说出理由。

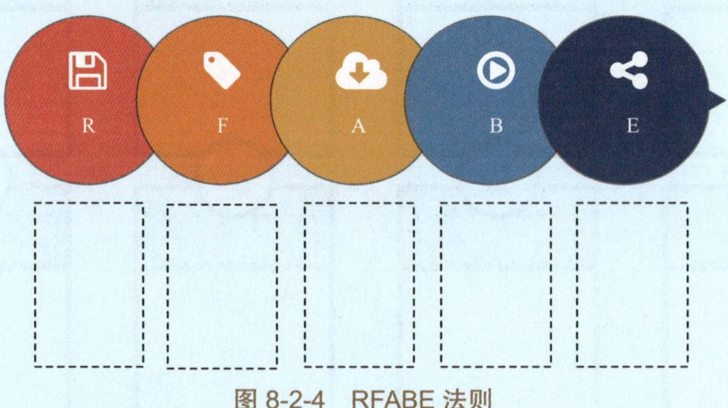

图 8-2-4　RFABE 法则

微组织 8：教师检查纠错，学生改正错误。微评价：☆☆☆☆☆

案　例

案例一：客户觉得销售顾问推荐的精品用处不大。

一位客户打算在店内订购新车，但是觉得销售顾问推荐的儿童座椅精品用处不大。

客户：小李，车我就定下来吧，但是儿童座椅我觉得用处不大，没有必要购买了。

汽车销售顾问：好的，王先生，欢迎您成为我们尊贵的用户，但是我希望您还能考虑下我的建议？

客户：为什么？儿童座椅用到的时间不多，而且还占地方。

汽车销售顾问：是这样的，您之前说过您有一个四岁的宝宝了，我们儿童座椅是符合国家安全要求的，专椅专用能够保障您的亲人的安全，而且四岁的孩子正是认知世界的阶段，对所有的事情都比较好奇，在车上难免会乱动的，但是这样行驶会有一定的安全隐患，所以我真的非常建议您购买。

客户：也是，那这个座椅有活动吗？价格是多少呀？

汽车销售顾问：快到六一儿童节了，我们对儿童座椅有一个非常大的减免活动，这个优惠力度可能今年就这一次了。

客户：行，正好赶上活动，那我就订购一个吧。

汽车销售顾问：好的，王先生，这边请，我带您去选选颜色。

案例二：及时掌握客户选车进程。

汽车销售顾问：张先生，上次您说要去试一试A车的，不知道试驾感觉怎么样？

客户：哦，我去了，感觉不错。要是他们价格再低一点，我没准当场就定了。

汽车销售顾问：在15万元左右的价位上，A车确实是非常不错的车型。您真是好眼光呢。

客户：哈哈，都是我朋友推荐的。

汽车销售顾问：张先生，我们店最近有一款车，在14万元左右，配置和A车差不多，车内乘坐空间更大一点，您看要不要带上孩子来看看？上一次，您不是说以后要经常开车送孩子上学嘛。

客户：14万元呀？配置真的跟A车差不多吗？

汽车销售顾问：是呀，您半年车市考察下来，现在完全可以称得上是个行家了，您来看看就知道了。这几天预约试驾的人还挺多的，您哪天比较有空，我帮您安排一下？

客户：明天上午吧。

任务三　推荐汽车相关业务

流程一：工作准备

根据服务流程要求做好工作准备，请检查工作准备情况，并将检查结果填入“推荐汽车相关业务工作准备情况检查表”，见表 8-3-1。若已准备好，请在方框里画上“√”；若有遗漏，请补充后画上“√”。

表 8-3-1　推荐汽车相关业务工作准备情况检查表

项　目	内　容
工作地点	汽车销售顾问办公区□
工作设施	办公桌□　座椅□　车辆□
工作用品	办公计算机□　办公电话□　手机□　写字板□　车辆查询系统□

微组织 1：教师检查纠错，学生改正错误。微评价：☆☆☆☆☆

流程二：推荐汽车相关业务

1. 通过学习主教材的视频和相关内容，制订工作计划，并填写在“推荐汽车相关业务工作计划表”中，见表 8-3-2。

表 8-3-2　推荐汽车相关业务工作计划表

工序	内　容	工 作 用 品
1		
2		
3		

微组织 2：教师检查纠错，学生改正错误。微评价：☆☆☆☆☆

2. 请实施情景演练并总结工作过程中存在的问题，将问题填写在“推荐汽车相关业务汇总简析表”中，并对原因进行简要分析，见表 8-3-3。

表 8-3-3　推荐汽车相关业务问题汇总简析表

汽车贷款报价单			
欲购买意向车型		颜　色	
价格		发动机型号	
首次付车款		保证金	
贷款金额		公证费	
每月还贷		期数	
总计			
客户签名			
销售顾问签名			

问题1：

问题2：

简单分析 1：
简单分析 2：
其　他：

微组织 3：教师检查纠错，学生改正错误。微评价：☆☆☆☆☆

3. 请在图 8-3-1 方格内填写二手车置换的手续。

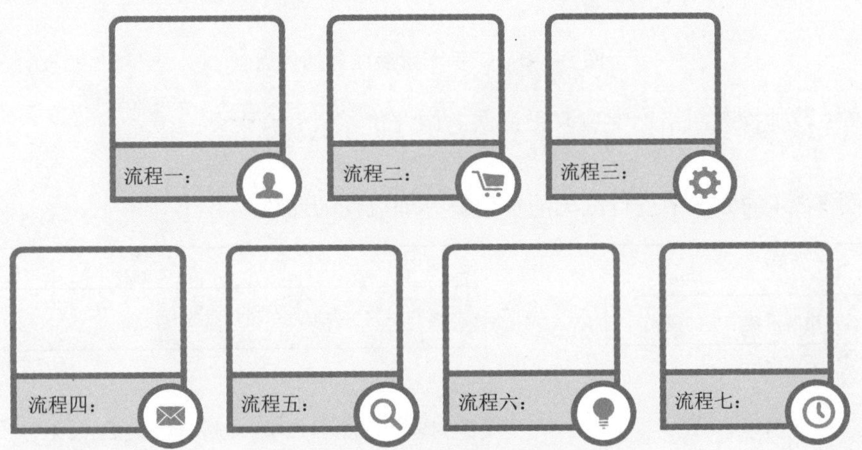

图 8-3-1　二手车置换的手续

微组织 4：教师检查纠错，学生改正错误。微评价：☆☆☆☆☆

4. 请在图 8-3-2 中填写二手车置换时中需要用到的二手车证件。

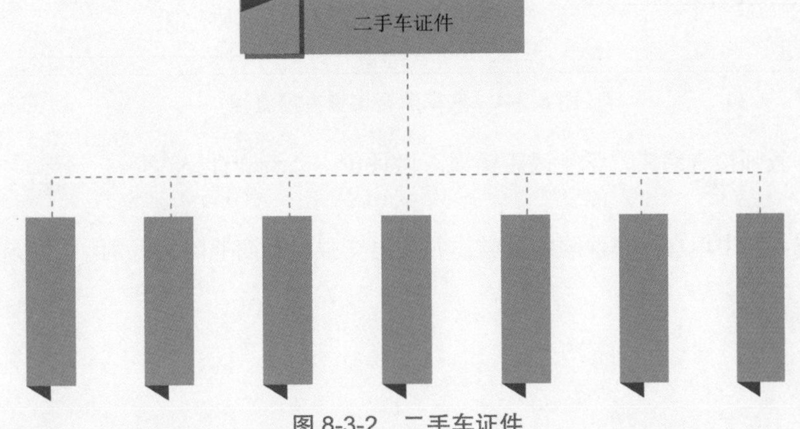

图 8-3-2　二手车证件

微组织 5：教师检查纠错，学生改正错误。微评价：☆☆☆☆☆

5. 请在图 8-3-3 的方格内写出二手车置换业务的优点，并说明其中哪一种类型最能打动客户。

01
二手车置换
业务的优点
03
02

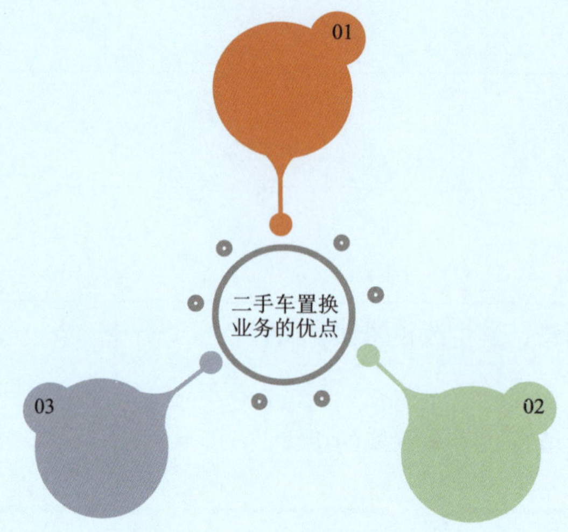

图 8-3-3 二手车置换业务的优点

微组织 6：教师检查纠错，学生改正错误。微评价：☆☆☆☆☆

6. 请在图 8-3-4 的方框中进行汽车消费信贷办理流程的连线。

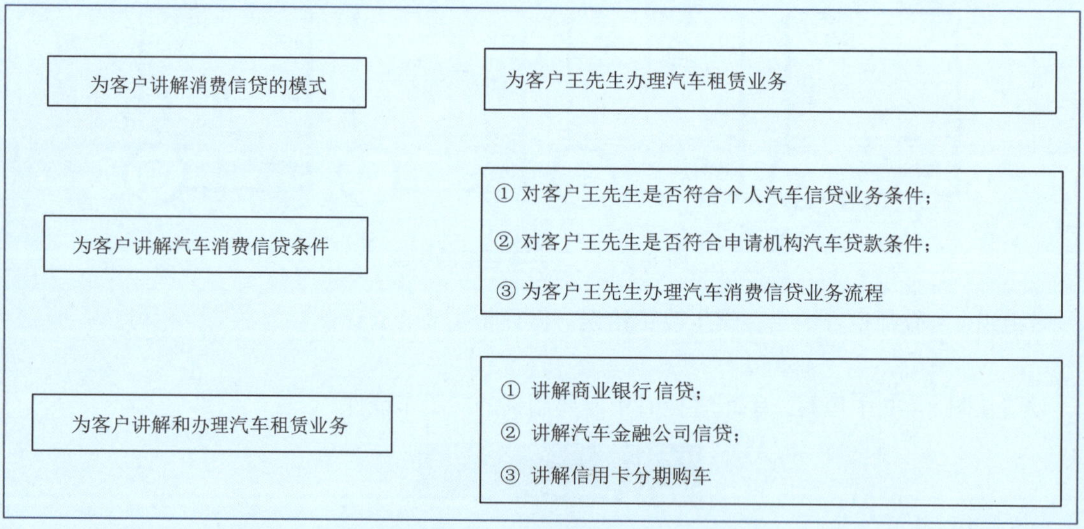

为客户讲解消费信贷的模式
为客户王先生办理汽车租赁业务
为客户讲解汽车消费信贷条件
① 对客户王先生是否符合个人汽车信贷业务条件；
② 对客户王先生是否符合申请机构汽车贷款条件；
③ 为客户王先生办理汽车消费信贷业务流程
为客户讲解和办理汽车租赁业务
① 讲解商业银行信贷；
② 讲解汽车金融公司信贷；
③ 讲解信用卡分期购车

图 8-3-4 汽车消费信贷办理流程

微组织 7：教师检查纠错，学生改正错误。微评价：☆☆☆☆☆

7. 请在图 8-3-5 中填写汽车保险的分类，并说出交强险和商业险的区别。

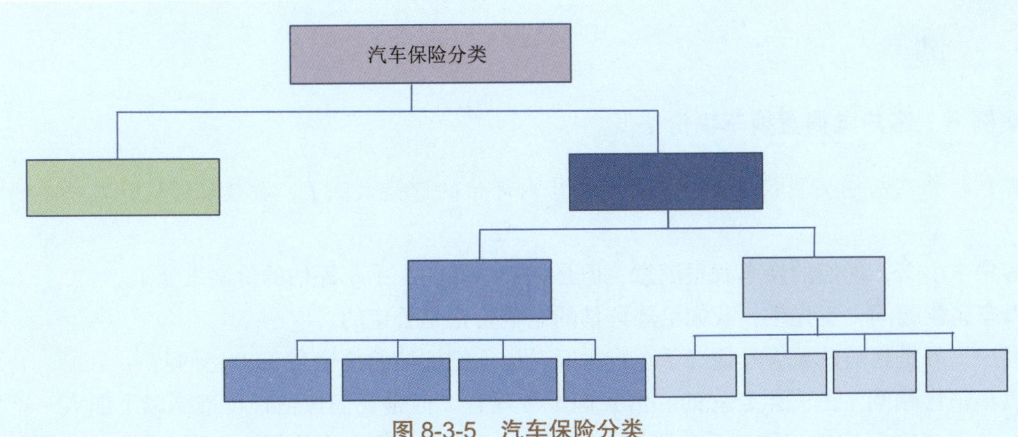

图 8-3-5　汽车保险分类

微组织 8：教师检查纠错，学生改正错误。微评价：☆☆☆☆☆

8. 通过阅读学习，请写出汽车保险方案的分类，并写出你为视频中客户王先生推荐的保障方案，并说出理由。

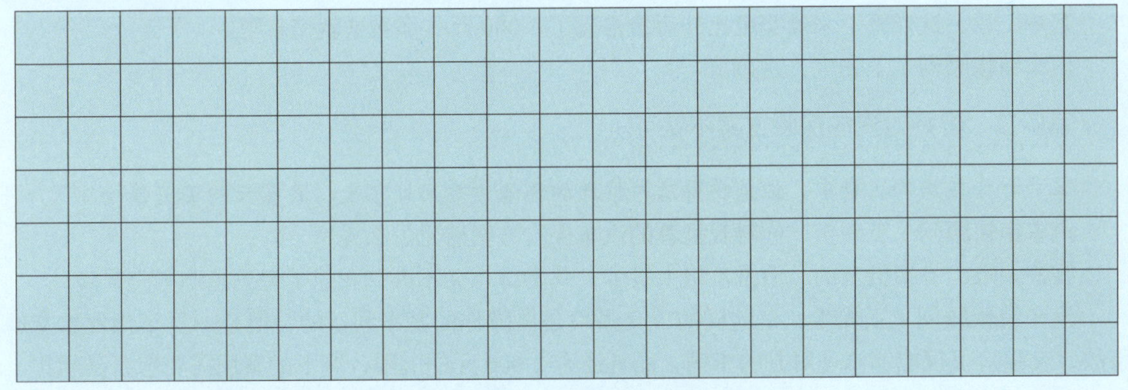

微组织 9：教师检查纠错，学生改正错误。微评价：☆☆☆☆☆

9. 通过视频中的汽车保险的推荐，按照推荐流程填写图 8-3-6 的内容。

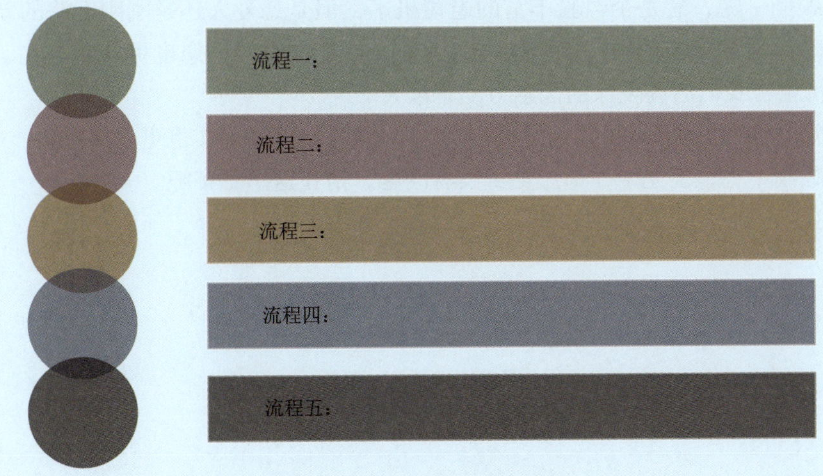

图 8-3-6　汽车保险推荐流程

微组织 10：教师检查纠错，学生改正错误。微评价：☆☆☆☆☆

案 例

案例一：客户觉得置换车辆价格低。

客户打算在店购买置换新车，但是觉得店内评估的价格太低了，希望能够提升二手车的收车价格。

客户：小李，你们的新车我很满意，但是你们给我的二手车评估的价格太低了。

汽车销售顾问：王先生，我们给您评估的车辆价格是公道的。

客户：可是我前几天去其他二手车行去问，比你们评估的价格高 3 000 元呢？

汽车销售顾问：王先生，您的心情我们十分理解。但是我们评估报价遵循以下四点：首先，我们 4s 店是经过厂家授权的二手车评估专营店，有专业的二手车评估师，是通过厂家培训认证的，有丰富二手车评估经验；其次我们的二手车业务是促进新车的销售，并不是以盈利为目的，所给出的价格也是根据咱们车辆的具体情况而定的；另外我们店是品牌老店了，信誉良好，在我们店里置换会让您二位感受到额外省心的置换服务。最后本月是咱们店里的感恩回馈月，在我们店里置换的顾客会比正常购车的顾客多享受 5 000 元的置换补贴价格，公道合理。

客户：嗯，这样算下来确实也比外边价格高了 2 000 元，那我这就交款吧。

汽车销售顾问：王先生，这边请。

案例二：客户对汽车保险方案不认可。

客户打算在店购买新车，但是觉得店内推荐的保险方案用处不大，希望只购买交强险。

汽车销售顾问：王先生，你对我推荐的汽车保险方案感觉怎么样？

客户：哦，方案挺全的，但是价格太贵了，我觉得意义不大，我想了想只想购买交强险。

汽车销售顾问：王先生，是这样的，交强险是保障你的基本利益的，但是一旦车辆发生交通事故，交强险仅仅能够修理对方的车辆，而且还有 2 000 元的上限，剩下的费用需要您自己承担，到时候费用可能很高，而且您的爱车是新车，您也希望它安全行驶吧，所以给您推荐的商业险中，还有本店的专修服务。王先生，您的爱车您爱人也开吧。

客户：嗯，我俩会换着开。

汽车销售顾问：嗯，您是个经验丰富的老司机了，但是您爱人还是刚刚上路的新手，这套保险方案对于她的保障会更加全面一些，这样，她独自行驶的时候，您也更放心一些，您说对吗？而且商业险的价格在我们店内投保的优惠力度非常大。

客户：好吧，你说的也挺对的，贵是稍微贵了一点，但保障确实也更全面一些。

汽车销售顾问：嗯，王先生，那您觉得没有问题，请在这里签字吧。

客户：好！

理论考核

一、选择题

1. 产品介绍、试乘试驾体现的是销售顾问的（　　）能力。

A. 观察能力　　B. 演示能力　　C. 交往能力　　D. 应变能力

2. 如果客户直接进入价格商谈，我们应该（　　）。

A. 向客户介绍保险

B. 做好顾客接待、分析需求，并根据需求进行商品说明

C. 告诉客户品牌不降价并进行商品力和价值论的宣讲

D. 询问客户掌握的市场价格

3. 如果客户直接进入价格商谈，我们应该（　　）。

A. 向客户介绍保险

B. 做好顾客接待、分析需求并根据需求进行商品说明

C. 告诉客户品牌不降价，并进行商品力和价值论的宣讲

D. 询问客户掌握的市场价格

4. 了解同类汽车品牌的价位，车型在同类车型中的价位所处的位置的报价方法是（　　）。

A. “三明治”报价法　B. 优势报价法　　C. 迂回报价法　　D. 对半报价法

5. 成交信号的分类包括（　　）。

A. 行为信号　　B. 语言信号　　C. 表情信号　　D. 肢体信号

二、判断题

1. 客户希望车辆的价格再次降低时，价格可以调到客户要求的价格。（　　）

2. 在议价环节，经销商已经给了指导价，4S 店不能再优惠。（　　）

3. 以“客户第一”的态度，考虑客户的利益。（　　）

4. 客户做购买决定时在无意中流露出来的信号，客户在洽谈的最后阶段，通过语言、行为等表现出来，对产品感兴趣，并愿意采取购买行为的信息。（　　）

5. 根据汽车精品使用在汽车上的位置可以将汽车精品分为外观精品和内装精品。（　　）

微组织：教师检查纠错，学生改正错误。微评价：☆☆☆☆☆

笔记栏

项目九　新车交付

项目任务单

<table>
<tr><td>项目描述</td><td>完成新车交付工作</td></tr>
<tr><td>项目要求</td><td>依据王先生的购车需求，为王先生提供新车交付的服务，并根据新车交付要求，协助其完成新车交付。
1. 为客户王先生的新车交付做好准备工作。
2. 协助客户王先生完成新车交付。
3. 将客户王先生转介绍给汽车服务顾问</td></tr>
<tr><td>学习目标</td><td>1. 能够描述新车文件准备内容。
2. 能够正确描述客户交车流程。
3. 能够正确描述转介客户工作内容。
4. 能够正确完成交车准备工作。
5. 能够正确按照交车流程完成交车工作。
6. 能够正确地把客户转介绍给汽车服务顾问。
7. 能够自觉遵守岗位职责和行为规范。
8. 能够养成安全、环保、“5S”作业、团结协作的好习惯</td></tr>
<tr><td>项目载体</td><td>销售顾问李想给王先生打电话告知新车到店，王先生打算进行车辆验收工作，新车交付区如下图所示，交付区内有客户购置车辆和相关验收设备，场地宽广明亮。销售顾问李想进行新车准备工作，并协助王先生完成新车交付，做好转介绍给汽车服务顾问的工作 </td></tr>
<tr><td>计划学时</td><td>8~12 学时</td></tr>
</table>

<table>
<tr><td rowspan="2">工作页</td><td>上课地点</td><td></td><td>学生姓名</td><td></td><td>完成 / 未完成</td></tr>
<tr><td>任课教师</td><td></td><td>上课时间</td><td></td><td>优 / 良 / 中 / 及格</td></tr>
</table>

项目导入

准备充分的新车交付，可以使客户对整个交车过程及销售顾问的服务产生良好的印象，有效提高满意度，为后续的潜客开发打下基础。

销售顾问李想今天早早来到了店里，为客户王先生准备新车交付前的 PDI 检查和做好交车前的准备工作。

一、想一想：结合汽车销售顾问李想今日的工作，回答下列问题

（1）为了顺利实现新车交付工作，在交付之前我们应该做哪些工作？

（2）销售顾问为什么要把客户介绍给售后服务经理？

二、写一写：新车交付的方法和工作用品

请在下图的方框中填写新车交付过程中用到的主要用品名称，同时选择新车交付所需的准备工作。

用品 1：

用品 2：

用品 3：

用品 4：

新车交付：

场地准备□

展车准备□

证件准备□

人员准备□

新车交付

微组织 1：教师检查纠错，学生改正错误。微评价：☆☆☆☆☆

三、安全教育与工作要求

请大声说出“到达工作地点，做好工作准备”，同时进行自检和互检。若已完成，请在方框内画上“√”。

□全体人员进入工作地点时，工作服应穿戴整洁，保证符合工作要求；

□工作时应携带带着自己名字的工作铭牌，禁止佩戴戒指等金属首饰；

□进入工作地点后严禁摆弄与本次工作无关的设备和工具，并把手机调成振动模式；

□严禁嬉戏打闹。

微组织 2：教师检查纠错，学生改正错误。微评价：☆☆☆☆☆

项目实施

任务一　准备交车

流程一：工作准备

根据服务流程要求做好工作准备，请检查工作准备情况，并将检查结果填入《准备交车情况检查表》，见表 9-1-1。若已准备好，请在方框里画上"√"；若有遗漏，请补充后画上"√"。

表 9-1-1　准备交车情况检查表

项　目	内　容
工作地点	新车交付区□
工作设施	洽谈桌□　座椅□　新车□
工作用品	销售文件夹□　销售顾问名片□　碳素笔□　写字板□　PDI 检查表□

微组织 1：教师检查纠错，学生改正错误。微评价：☆☆☆☆☆

流程二：准备交车客户

1. 通过学习主教材的视频和相关内容，制订工作计划，并填写在"准备交车客户工作计划表"中，见表 9-1-2。

表 9-1-2　准备交车客户工作计划表

工序	内　容	工 作 用 品
1		
2		
3		

微组织 2：教师检查纠错，学生改正错误。微评价：☆☆☆☆☆

2. 请实施情景演练并总结工作过程中存在的问题，将问题填写在"准备交车客户问题汇总简析表"中，并对原因进行简要分析，见表 9-1-3。

表 9-1-3　准备交车客户问题汇总简析表

<table>
<tr><td>
<table>
<tr><th colspan="5">新车交车 PDI 表</th></tr>
<tr><td colspan="2">经销商名称：</td><td colspan="3">编号：</td></tr>
<tr><td colspan="2">车型：</td><td colspan="3">钥匙号码：</td></tr>
<tr><td>车架号：</td><td>发动机号码：</td><td colspan="3">车身颜色：</td></tr>
<tr><td rowspan="2">项次</td><td rowspan="2">检查内容说明</td><td colspan="2">状　况</td><td rowspan="2">维修确认及签字</td></tr>
<tr><td>OK</td><td>NO</td></tr>
<tr><td>1</td><td>车辆外观 / 漆面检查</td><td></td><td></td><td></td></tr>
<tr><td>2</td><td>车辆室内检查</td><td></td><td></td><td></td></tr>
<tr><td>3</td><td>发动机舱检查</td><td></td><td></td><td></td></tr>
<tr><td>4</td><td>行李舱检查</td><td></td><td></td><td></td></tr>
<tr><td>5</td><td>底盘检查</td><td></td><td></td><td></td></tr>
<tr><td>6</td><td>特殊附件检查</td><td></td><td></td><td></td></tr>
<tr><td colspan="5">PDI 检查员：__________提车人：__________</td></tr>
<tr><td colspan="5">日　期：__________日　期：__________</td></tr>
<tr><td colspan="5">注：
第一联（浅红）经销商存档　第二联（白色）汽车销售顾问存档</td></tr>
</table>
</td><td>问题1：

问题2：</td></tr>
<tr><td colspan="2">简单分析 1：</td></tr>
<tr><td colspan="2">简单分析 2：</td></tr>
<tr><td colspan="2">其　他：</td></tr>
</table>

微组织 3：教师检查纠错，学生改正错误。微评价：☆☆☆☆☆

3. 请在图 9-1-1 中填写准备交车的文件准备内容，并进行解释。

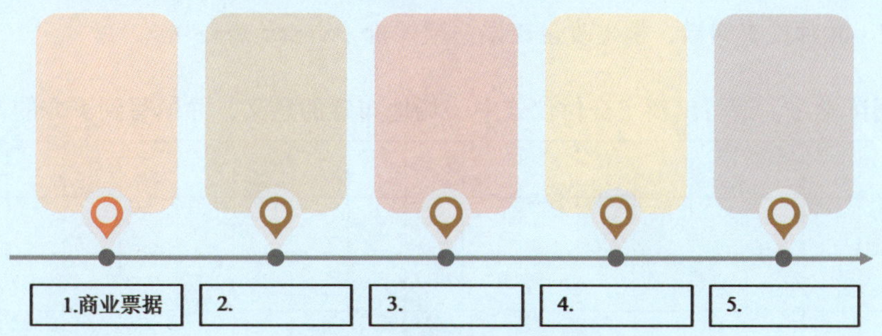

图 9-1-1　准备交车的文件

微组织 4：教师检查纠错，学生改正错误。微评价：☆☆☆☆☆

4. 请在图 9-1-2 中填写准备新车的流程，并进行填写。

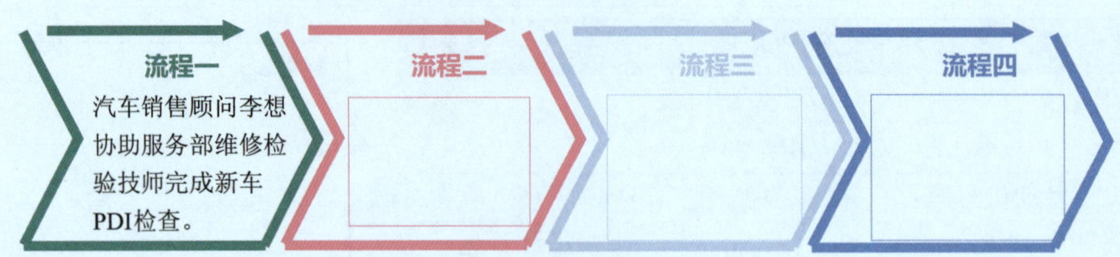

图 9-1-2　准备新车

微组织 5：教师检查纠错，学生改正错误。微评价：☆☆☆☆☆

5. 请在方格内写出进行 PDI 检查时，销售顾问的主要工作内容。

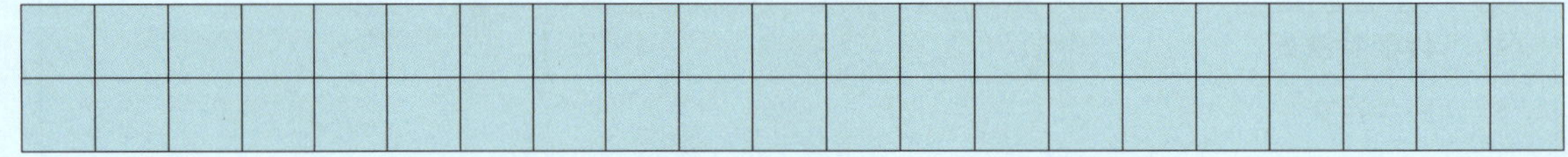

微组织 6：教师检查纠错，学生改正错误。微评价：☆☆☆☆☆

6. 请在图 9-1-3 的方格内对交车场地的准备内容进行连线。

交车场地 5S	在交车区悬挂 LED交车横幅，准备手捧花、交车铭牌、大红花、红丝带、交车贵宾胸卡、照相机、三脚架、赠送的小礼品等
放置欢迎牌	在展厅入口处放置欢迎牌，在欢迎牌上书写来提车的客户姓名
布置交车区	①交车场地 5S 检查，保证交车场地的干净整洁，清理交车区场地； ②交车区出口无障碍物，方便客户驾驶新车离店不受任何影响，布置交车背景板

图 9-1-3　准备场地

微组织 7：教师检查纠错，学生改正错误。微评价：☆☆☆☆☆

7. 通过阅读学习，请写出新车交付仪式中，场地布置的意义，并填写到下方的方格内。

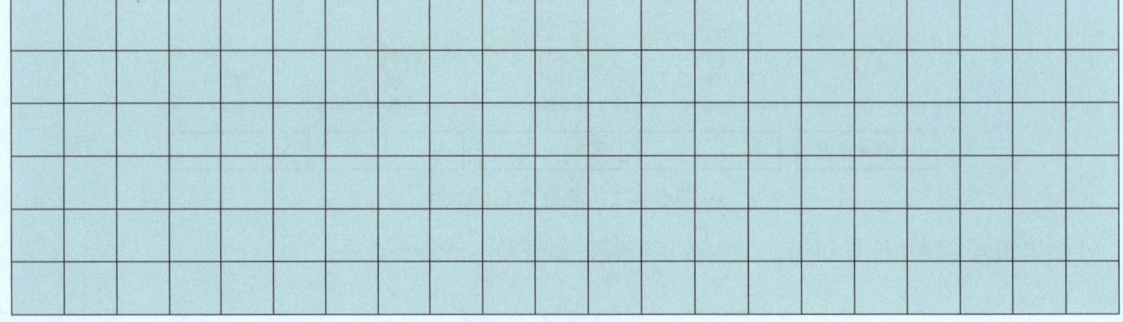

微组织 8：教师检查纠错，学生改正错误。微评价：☆☆☆☆☆

案　例

案例一：由于天气原因，新车无法按时到店。

由于暴雪原因，车辆无法按时到店，电话解释原因，获得客户原谅。

汽车销售顾问：王先生，您好，我这里是 ×× 汽车销售有限公司，我是销售顾问李想，您还记得我吗？

客户：你好，小李！有什么事吗？

汽车销售顾问：是这样的，王先生，非常抱歉地通知您，明天您约定的交车可能需要延后了。

客户：什么，不是说好了明天交车吗？

汽车销售顾问：这几天由于下雪的原因，道路结冰，新车物流无法按时发车，所以您的爱车可能要推迟交车了。

客户：可是我都邀请朋友准备一同看车了。

汽车销售顾问：对于延期交车我们非常抱歉，那您看这样可以吗？我们免费送您 1 000 元的维护保养卷，再加赠您一套价值 500 元的原厂脚垫！

客户：那好吧，我也能理解，脚垫一般是什么颜色的呀。

汽车销售顾问：一般为黑色和棕色的，等您的爱车到店之后，您搭配一下，看看您更喜欢哪个颜色的。

客户：好的，我订的车大约什么时间能到呀？

汽车销售顾问：也就晚个一两天，我这里有消息了，就打电话通知您，您看可以吗？

客户：好的。

案例二：客户临时希望更换预定新车的颜色。

客户已经交了定金预定一台黑色的 SUV，希望能够换成白色的。

客户：您好，请问是 ×× 汽车公司销售顾问李想吗？

汽车销售顾问：王先生，是我，您的爱车后天就能到店了！

客户：嗯嗯，李想有个事情想和你商量一下，我们的车辆颜色能换成白色的吗？

汽车销售顾问：王先生，正常订车我们是无法给您调整的，而且黑色看着沉稳大气，非常符合您的身份和气质的。

客户：可是好多朋友都说白色的好看一些，而且开白色的这款车也比较多。

汽车销售顾问：这款车白色确实买的人比较多，但是每个人的开车用途不太一样，而且您如果换色的话，由于短时间内。没有现车，可能还需要排队！价格还要贵上 5 000 元。您早开上早使用，上次您爱人还说要着急开车回家探亲呢，要不您再考虑考虑？

客户：还要等这么久，而且还要加价呀！那就不换了，后天正常提车吧！

汽车销售顾问：期待您的光临。祝您生活愉快，再见！

客户：再见！

任务二　进行新车交付

流程一：工作准备

根据服务流程要求做好工作准备，请检查工作准备情况，并将检查结果填入“进行新车交付工作准备情况检查表”中，见表 9-2-1。若已准备好，请在方框里画上“√”；若有遗漏，请补充后画上“√”。

表 9-2-1　进行新车交付工作准备情况检查表

项　目	内　容
工作地点	汽车销售顾问办公区□
工作设施	办公桌□　座椅□　车辆□
工作用品	办公计算机□　办公电话□　手机□　写字板□　车辆查询系统□

微组织 1：教师检查纠错，学生改正错误。微评价：☆☆☆☆☆

流程二：新车交付客户

1. 通过学习主教材的视频和相关内容，制订工作计划，并填写在“进行新车交付客户工作计划表”中，见表 9-2-2。

表 9-2-2　进行新车交付客户工作计划表

工序	内　容	工 作 用 品
1		
2		
3		
4		
5		

微组织 2：教师检查纠错，学生改正错误。微评价：☆☆☆☆☆

2. 请实施情景演练并总结工作过程中存在的问题，将问题填写在“新车交付客户问题汇总简析表”中，并对原因进行简要分析，见表 9-2-3。

表 9-2-3　新车交付客户问题汇总简析表

问题1：

问题2：

简单分析 1：
简单分析 2：
其　他：

微组织 3：教师检查纠错，学生改正错误。微评价：☆☆☆☆☆

3. 请在图 9-2-1 方格内写出新车交付前电话邀约的内容。

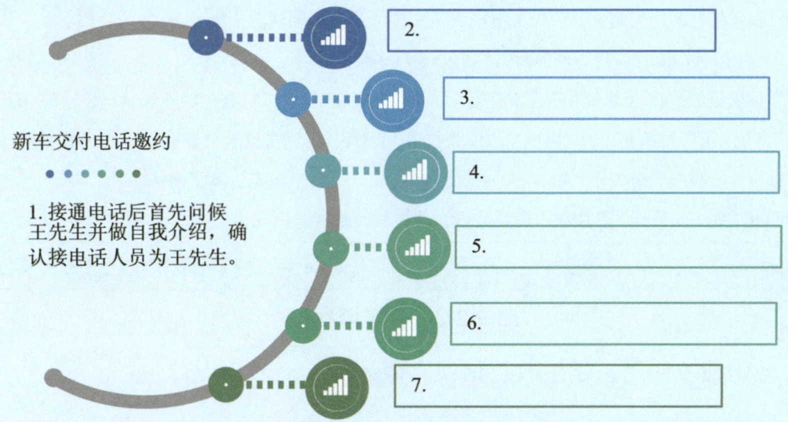

图 9-2-1　准备文件

微组织 4：教师检查纠错，学生改正错误。微评价：☆☆☆☆☆

4. 请在图 9-2-2 中填写洽谈交车的流程，并逐条说明。

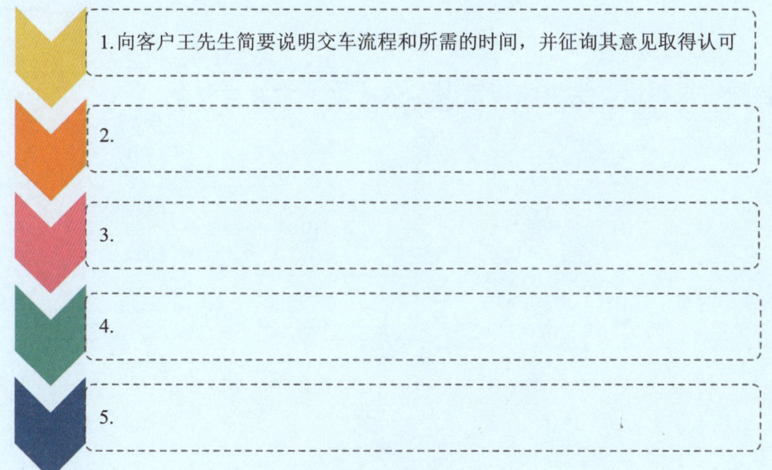

图 9-2-2　洽谈成交流程图

微组织 5：教师检查纠错，学生改正错误。微评价：☆☆☆☆☆

5. 请在图 9-2-3 方格内对陪同客户交车的流程进行排序，并逐条说明。

①第一时间将新车钥匙郑重地交给客户王先生，并予以恭喜、祝贺。同时销售人员带客户王先生到车辆存放地点选车，陪同客户王先生对新车进行全面检查验收，包括车况检查，随车工具检查，钥匙检查。

②协助客户王先生持本人有效证件、车辆合格证、业务流程单、装饰单到财务部交款，财务部收到各款项后，开具汽车零售 / 增值发票。

③填写销售业务流程单，把客户的个人资料、车辆信息填写完整。

④协助客户王先生在本店办理保险，将复印好的发票、车辆合格证、车主身份证、指定驾驶员驾照等客户资料交由保险公司在本店驻点的工作人员计算无误后填写并签字确认，出保单。

⑤由验车员带客户王先生缴纳购置税，并为其按区域验车上牌。

⑥协助客户王先生持身份证、发票、车辆合格证到保险部门投保出保单后，将以上手续转交客户服务部办理验车上牌，待验车上牌后由客户服务部与客户王先生办理相关车辆手续交接，并签字确认。

⑦协助客户王先生持装饰流程单到维修前台为客户办理汽车装饰业务。

⑧在客户王先生办理完验车、上牌等相关车辆手续后，为其办理新车交付，检查车辆外观、灯光、液面、随车工具及物品等，介绍新车功能、使用常识，及售后职业知识，填写《出库验收单》《销售订单》《技术报告单》，请客户签字确认；填写保修手册，并将感谢信、保修手册、说明书交给客户。填写客户满意度调查表，由客户王先生签字确认。

⑨将所有的证件、文件、手册、名片放入资料袋内，并将其交给客户王先生。

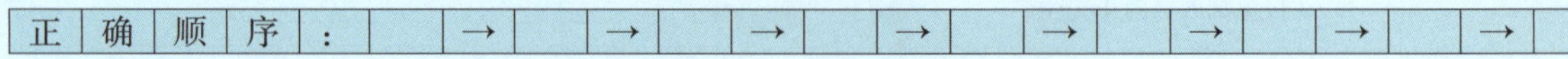

图 9-2-3　交车流程排序

微组织 6：教师检查纠错，学生改正错误。微评价：☆☆☆☆☆

6. 请在图 9-2-4 中填写协助客户办理车辆手续的流程。

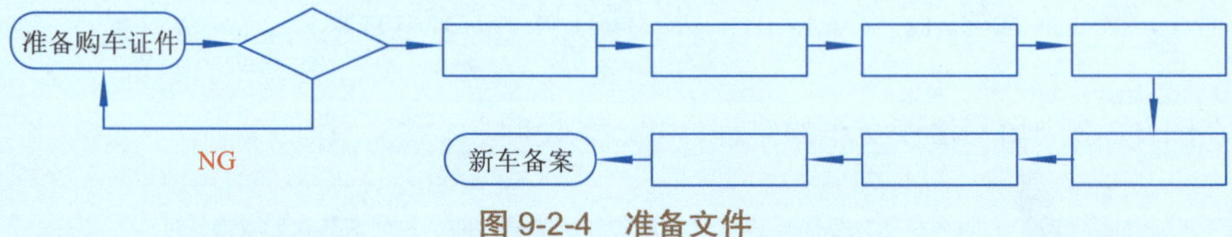

图 9-2-4　准备文件

微组织 7：教师检查纠错，学生改正错误。微评价：☆☆☆☆☆

7. 通过阅读学习，请同学们认真在图 9-2-5 中填写递交新车的流程，并思考递交新车流程每个环节的注意事项。

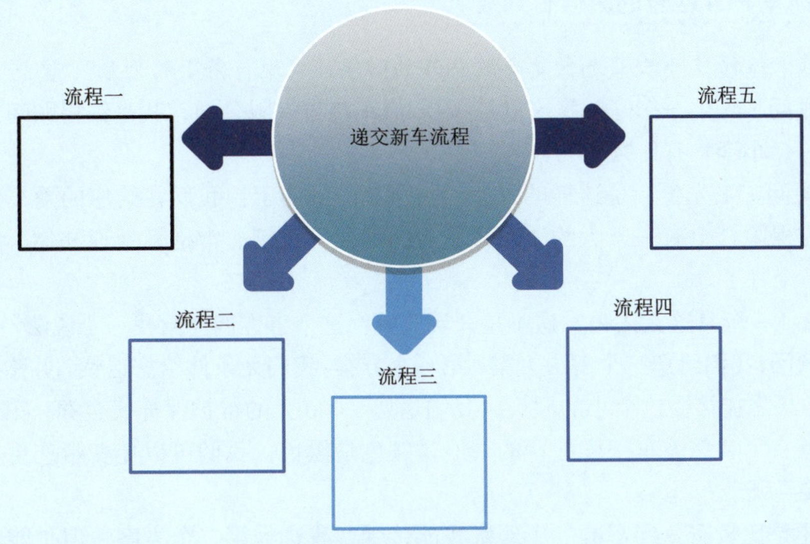

图 9-2-5　递交新车流程

微组织 8：教师检查纠错，学生改正错误。微评价：☆☆☆☆☆

8. 通过阅读学习，请写出新车录入裸车系统交车填写的信息内容。

微组织 9：教师检查纠错，学生改正错误。微评价：☆☆☆☆☆

案　例

案例一：新车 PDI 检查的时候有划痕。

销售顾问在和维修技师给王先生爱车做 PDI 的时候，发现一条小的划痕。

汽车销售顾问：先生，您好，我这里是 ×× 汽车销售有限公司，我是销售顾问李想。

客户：你好，小李！有什么事吗？

汽车销售顾问：王先生，是这样的，您的新车已经到店了！我们在给您的爱车做 PDI 检查的时候，发现后方保险杠上有一条大约 3 厘米左右的划痕，我们非常抱歉地通知你，您的交车时间可能需要推迟一个月了。

客户：什么！一个月这么久吗？这不是开玩笑嘛？这个事你们要给我一个说法？

汽车销售顾问:我们给您三个解决方案，第一个方案:我们无条件给您退钱，并赠送一些礼物，第二个方案：如果您能接受这个小的瑕疵，我们送您 1 000 元的维护保养代金券。第三个方案：这批到店新车中有一个和您爱车一样配置的，但是颜色是黑色，我们可以免费帮您更换，您看看这三个方案您能接受哪个？

客户：我还是比较着急用车的。小瑕疵我能接受，我选择第二个方案，但是能多赠送我一些代金券吗？毕竟是新车。

汽车销售顾问:好的,我的权限最多能给您再多送 500 元的代金券,合计 1 500 元,你看可以吗？

客户：好的，那我明天正常提车吧。

汽车销售顾问：好的，王先生感谢您的理解，期待您的到店，祝您生活愉快，明天见！

案例二：客户希望快速完成交车手续。

客户王先生希望快速完成交车手续，汽车销售顾问及时解答并提醒客户注意事项和购车须知。

客户：小李呀，今天的交车手续最好尽快些，我还有其他事情呢！

汽车销售顾问：王先生，是这样的，交车手续非常重要，涉及后期的三包政策和上牌时的注意事项。

客户：嗯嗯，上牌的时候，不是你跟着我去吗？再说新车哪能有问题？

汽车销售顾问：王先生，因为是工业化生产，可能会有问题，所以才邀请您和我进行第二次验车，我和维修技师已经帮您做了一次验车了，但是也怕有不全面的地方，尤其是漆面和内饰，您一定要再检查清楚，防止以后产生纠纷。而且上牌的时候，我只能协助您办理，但是还是要求您带齐相关证件才能办理相关手续的。

客户：哦，原来是这样，那咱俩得好好查验一番呀。

汽车销售顾问：好的，王先生。

任务三　转介客户

流程一：工作准备

根据服务流程要求做好工作准备，请检查工作准备情况，并将检查结果填入“转介客户工作准备情况检查表”，见表 9-3-1。若已准备好，请在方框里画上“√”；若有遗漏，请补充后画上“√”。

表 9-3-1　转介客户工作准备情况检查表

项　目	内　容
工作地点	汽车销售顾问办公区□
工作设施	办公桌□　座椅□　车辆□
工作用品	办公电脑□　办公电话□　手机□　写字板□　车辆查询系统□

微组织 1：教师检查纠错，学生改正错误。微评价：☆☆☆☆☆

流程二：转介客户

1. 通过阅读和观看视频的学习，请制订出工作计划，并填写在“转介客户工作计划表”中，见表 9-3-2。

表 9-3-2　转介客户工作计划表

工序	内　容	工 作 用 品
1		
2		
3		

微组织 2：教师检查纠错，学生改正错误。微评价：☆☆☆☆☆

2. 请实施情景演练并总结工作过程中存在的问题，将问题填写在“转介客户问题汇总简析表”，并对原因进行简要分析，见表 9-3-3。

表 9-3-3　转介客户问题汇总简析表

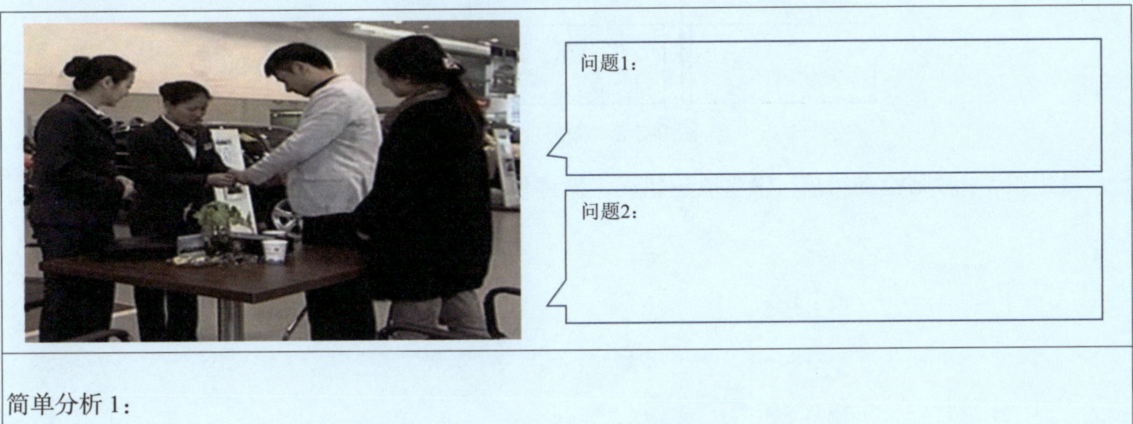
问题1：

问题2：

简单分析 1：

简单分析 2：
其　他：

微组织 3：教师检查纠错，学生改正错误。微评价：☆☆☆☆☆

3. 请在图 9-3-1 中写出介绍服务顾问，并根据汽车销售服务流程，进行填空。

图 9-3-1　介绍服务顾问

微组织 4：教师检查纠错，学生改正错误。微评价：☆☆☆☆☆

4. 请在图 9-3-2 中写出做好文件总结的三个方面，并逐条说明。

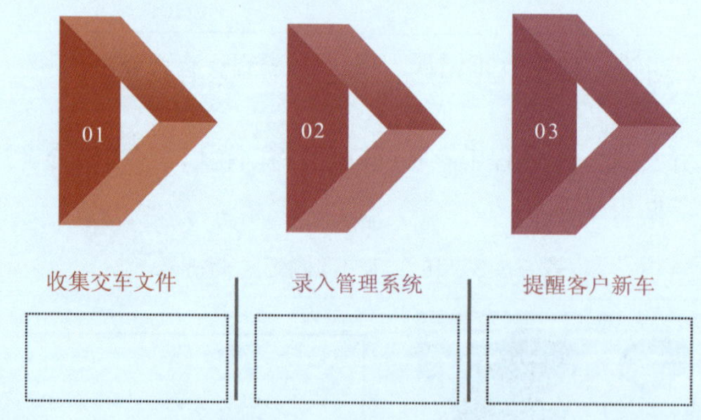

图 9-3-2　做好文件总结

微组织 5：教师检查纠错，学生改正错误。微评价：☆☆☆☆☆

案　例

案例一：交车延迟太久，客户要退车。

客户张先生两个月前订的车，按约定一个月前就应该交车了，但由于是新车上市，供不应求，因此，一个月过去了，客户还是没有提到车，于是，张先生来到店里，找到销售人员要求退车……

客户：就你们这办事效率，等我拿到车的时候，没准是好几年后了！我不等了，退钱，我要退车！

汽车销售顾问：张先生，您的心情我理解，如果我遇到这种情况，我也会像您这样愤怒的。

客户：我不管了，我不想要这款车了，给我退钱吧。

汽车销售顾问：张先生，您提这点要求并不过分。我想问问您，抛开提车这桩事不提，您觉得这款车怎么样？

客户：这款车当然很好啊，不然我会这样傻傻地等一个月吗？

汽车销售顾问：如果您这么喜欢这款车的话，我觉得退车是很遗憾的。我刚查了一下，根据我们的预订记录，下一批车到的时候，您应该是第一个提车的。如果您现在退车了，那么两个月的等待就都白费了，而本来排在您后面的人就可以提走本来属于您的车了。

客户：你是说快轮到我了？

汽车销售顾问：您不信的话，我可以拿预订记录给您看看，您确实是排在最前面的。

客户：那按你们这样的速度，下一批车什么时候才到啊？

汽车销售顾问：就剩下一个星期了。

客户：好吧，那就再等等。

案例二：积极寻求老客户做转介绍。

汽车销售顾问：王先生，您最近使用车辆怎么样?

客户：挺好的，前两天带着我的朋友杨先生出去钓鱼去了，他对这台车的通过性非常感兴趣。

汽车销售顾问：杨先生就是上次陪您一起保养的那位先生吧。

客户：对的，但是他想购买七座的，不知道第三排的空间怎么样?

汽车销售顾问：是这样呀，您本周日有时间吗?可以带着杨先生一起来试乘试驾体验下。

客户：本周日吗?我想出趟门呢，而且也不知道杨先生有没有时间。

汽车销售顾问：王先生，上次你来做保养说想要一个周年纪念款的电话牌，已经到货了，我想您周日如果有时间正好来取一下呢。

客户：那我就下午三点左右再去吧，顺便把杨先生一起带去，他最近也打算看车呢，一定想去试乘试驾下呢。

汽车销售顾问：好的，王先生，就这么说定了。

理论考核

一、选择题

1. 下列（　　）交车环节不对。

   A. 询问客户交车时间、地点（尽量满足客户需求）

   B. 交车环节定了之后不能更改

   C. 提示客户带齐相关资料证件

   D. 向客户介绍交车流程、参加人员等

2. 交车准备环节（　　）有误。

   A. 4S 店应设置专门的交车区，由专人负责整理清洁

   B. 确认客户的付款条件和付款情况，以及对客户的承诺事项，完成新车 PDI 整备，并签名确认

   C. 确认并检查车辆登记文件和《保修手册》，以及其他相关文件等

   D. 交车前 1 天内电话联系客户，确认交车时间、参与人员，并简要告知客户交车流程及交车时间（控制在 30 分钟为宜）

3. PDI 是交车流程的一部分，由（　　）来完成。

   A. 销售部门　　B. 客服部门　　C. 售后部门　　D. 人力部门

4. 新车文件准备包括（　　）。

   A. 商业票据类　　B. 随车文件类　　C. 商务活动类

   D. 交车工具类　　E. 增值服务类

二、判断题

1. 交车时不用给客户介绍车辆如何使用。（　　）
2. 交车时不用介绍车辆的首次保养时间。（　　）
3. 交车要提前联系客户，和客户确定提车时间。（　　）
4. 交车时销售顾问不用陪同客户。（　　）
5. 给自己预留充分的时间进行恰当的交车。（　　）

微组织：教师检查纠错，学生改正错误。微评价：☆☆☆☆☆

项目十　售后跟踪

项目任务单

<table>
<tr><td>项目描述</td><td>完成对购置新车客户进行售后跟踪回访。</td></tr>
<tr><td>项目要求</td><td>依据王先生新购置车辆的情况，对王先生进行电话回访，并解决王先生的抱怨投诉，维系和王先生的关系。
1. 对购车客户王先生进行电话回访。
2. 处理购车客户王先生的抱怨和投诉。
3. 维系与购车客户王先生的关系</td></tr>
<tr><td>学习目标</td><td>1. 能够正确描述客户电话回访的类型；
2. 能够正确描述抱怨投诉的类型和原则。
3. 能够准确描述客户沟通内容。
4. 能够正确地对客户进行电话回访。
5. 能够正确处理客户的抱怨与投诉。
6. 能够正确地维系和客户的关系。
7. 能够自觉遵守岗位职责和行为规范。
8. 能够养成安全、环保、“5S”作业、团结协作的好习惯</td></tr>
<tr><td>项目载体</td><td>王先生已经购置完新车，销售顾问李想打算进行客户回访，客户回访区如下图所示，有工作桌和座椅一套、座机 1 台。销售人员李想对王先生进行电话回访，并解决回访过程中王先生的抱怨和投诉，维系和客户王先生的良好关系
</td></tr>
<tr><td>计划学时</td><td>8~12 学时</td></tr>
</table>

工作页	上课地点		学生姓名		完成 / 未完成
	任课教师		上课时间		优 / 良 / 中 / 及格

项目导入

客户满意度是客户期望值与客户体验的匹配程度，真正的客户服务满意度，是客户个人对于服务的需求和自己以往享受服务的经历再加上自己周围的对于某个企业服务的口碑构成了客户对于服务的期望值。作为销售顾问，在为客户提供服务的时候，也在不断地去了解客户对于服务的期望值是什么，而后根据自己对于客户期望值的理解去为客户提供服务。

这是平常的一天，早上 8:20，销售顾问李想来到了工作单位进行了个人物品的 5S 整理。8:30 全体销售顾问在展厅进行晨会，首先全体成员一起大声说出了公司的服务口号："爱岗敬业、求实创新、用心服务、勇争一流。"接下来销售顾问依次汇报了本月的工作总结及本月的工作计划。轮到销售顾问李想了，李想对本月的销售业绩进行了总结，今天计划通过电话的形式对本月与以前的客户进行售后回访，李想开始了新一天的工作。

一、想一想：结合汽车销售顾问李想今日的工作，请回答下列问题

（1）为了提升客户满意度，最有效的提升客户满意度的方式是?

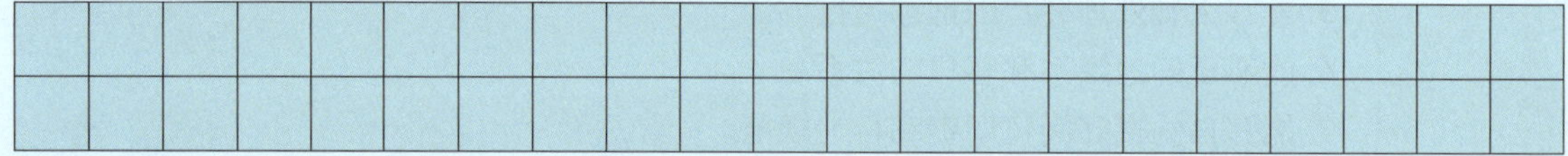

（2）汽车销售顾问李想打算采用的售后跟踪的方式有哪些？（至少写四项）

二、写一写：售后跟踪的方式和工作用品

请在下图的方框中写上本次售后跟踪用到的主要用品名称，同时在本次售后跟踪的方式后画上"√"。

用品 1：

用品 2：

用品 3：

用品 4：

售后跟踪方式：

电话回访□

网络回访□

微信回访□

展厅回访□

微组织 1：教师检查纠错，学生改正错误。微评价：☆☆☆☆☆

三、安全教育与工作要求

请大声说出“到达工作地点，做好工作准备”，同时进行自检和互检。若已完成，请在方框内用铅笔打“√”。

□全体人员进入工作地点时，工作服应穿戴整洁，保证符合工作要求；

□工作时应携带带着自己名字的工作铭牌，禁止佩戴戒指等金属首饰；

□进入工作地点后严禁摆弄与本次工作无关的设备和工具，并把手机调成振动模式；

□严禁嬉戏打闹。

微组织 2：教师检查纠错，学生改正错误。微评价：☆☆☆☆☆

项目实施

任务一　回访购车客户

流程一：工作准备

根据服务流程要求做好工作准备，请检查工作准备情况，并将检查结果填入“回访购车客户情况检查表”，见表 10-1-1。若已准备好，请在方框里画上“√”;若有遗漏，请补充后画上“√”。

表 10-1-1　回访购车客户情况检查表

项　目	内　容
工作地点	汽车售后回访区□
工作设施	办公桌□　座椅□　座机□
工作用品	销售文件夹□　销售顾问名片□　碳素笔□　写字板□　购车客户回访登记表□

微组织 1：教师检查纠错，学生改正错误。微评价：☆☆☆☆☆

流程二：回访购车客户

1. 通过学习主教材的视频和相关内容，制订工作流程，并填写在“回访购车客户工作流程表”中，见表 10-1-2。

表 10-1-2　回访购车客户工作流程表

工序	内　容	工 作 用 品
1		
2		
3		
4		
5		

微组织 2：教师检查纠错，学生改正错误。微评价：☆☆☆☆☆

2. 请实施情景演练并总结工作过程中存在的问题，将问题填写在“回访购车客户问题汇总简析表”中，并对产生原因进行简要分析，见表 10-1-3。

表 10-1-3　回访购车客户问题汇总简析表

客户跟踪表					
实施日期	实施内容	面谈者	对话内容	下次预定	经理
	交车第一周		☐ 寄发感谢信 ☐ 汽车销售顾问致谢电话		
			☐ 销售经理致谢电话		
	5 000 km 免费检查				
	10 000 km 免费检查				
交车时间				上牌时间	上牌号
保险公司					
备注：					

问题1：

问题2：

简单分析 1：

简单分析 2：

其　他：

微组织 3：教师检查纠错，学生改正错误。微评价：☆☆☆☆☆

3. 请在方格内写出电话回访客户的类型，并判断实操中客户王先生的类型，进行填空。

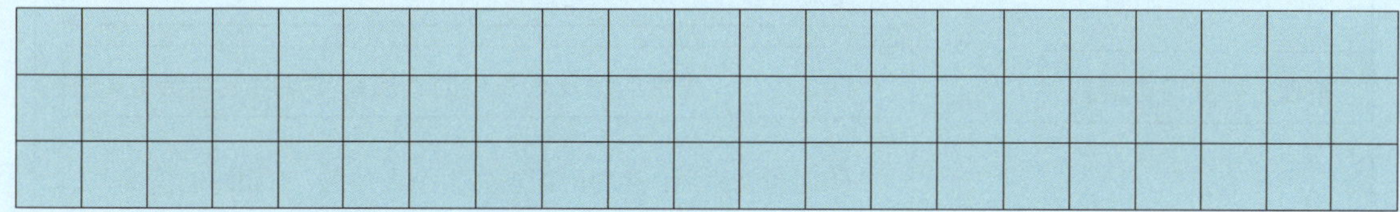

客户王先生的类型属于____________。

微组织 4：教师检查纠错，学生改正错误。微评价：☆☆☆☆☆

4. 请在图 10-1-1 的方框中写出回访客户的原因。

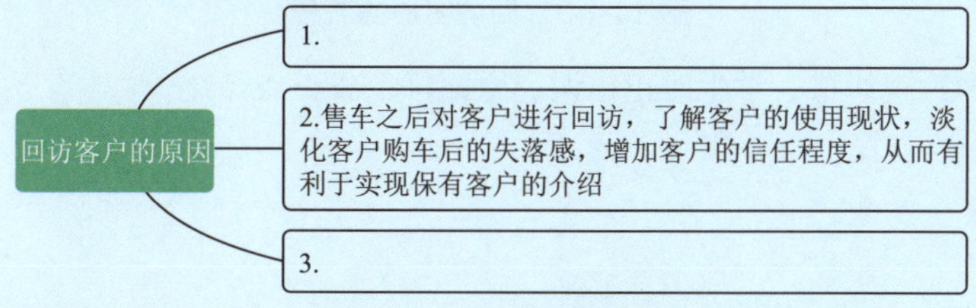

图 10-1-1　客户回访原因

微组织 5：教师检查纠错，学生改正错误。微评价：☆☆☆☆☆

5. 请在图 10-1-2 的方框中写出回访客户的渠道，写出你选择的回访方式，并写出理由。

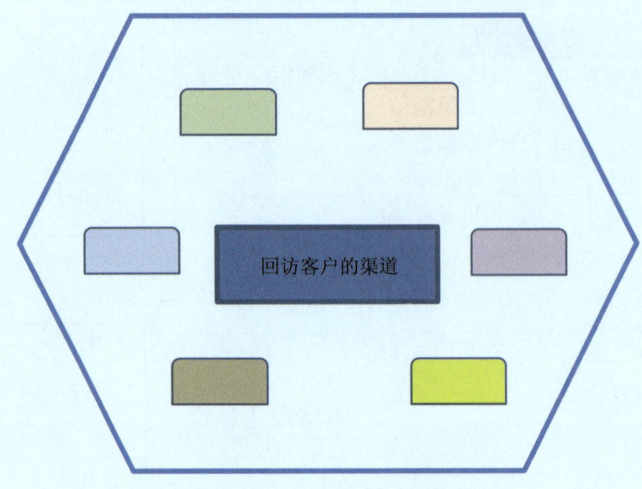

图 10-1-2　回访客户渠道图

微组织 6：教师检查纠错，学生改正错误。微评价：☆☆☆☆☆

6. 请在图 10-1-3 中针对回访客户的流程进行连线。

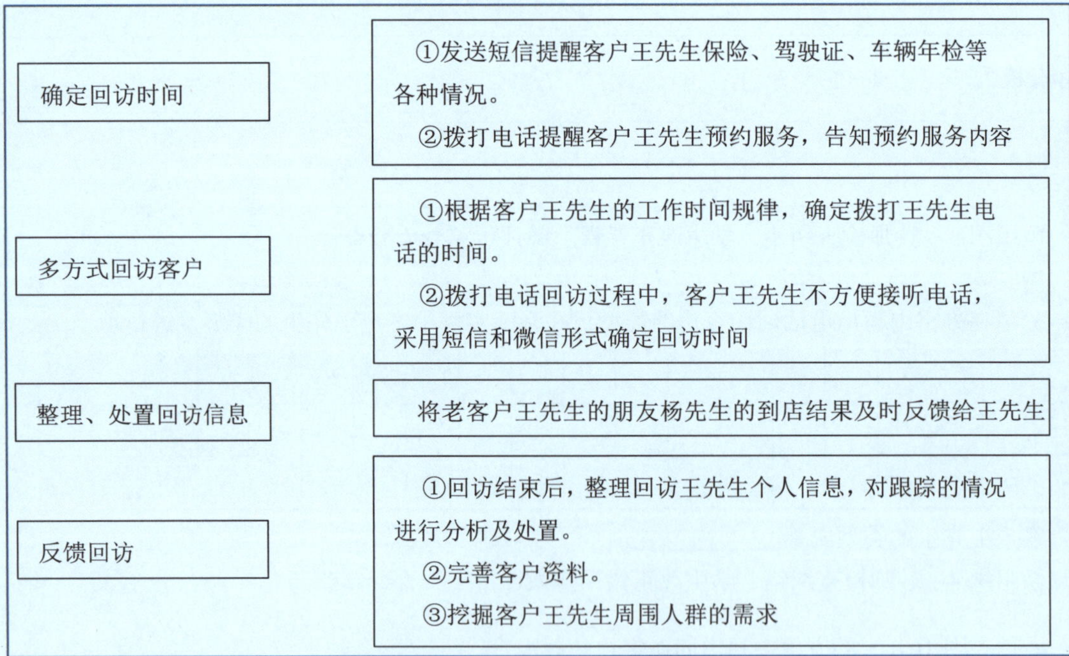

图 10-1-3　回访客户的流程

微组织 7：教师检查纠错，学生改正错误。微评价：☆☆☆☆☆

案　例

案例一：客户抱怨维修服务收费高。

客户抱怨汽车销售有限公司的维修服务收费太高了。

客户：我的车出了点小问题，通过你们的维修检查找到了问题，虽然花了点时间，但我不想在店里维修，可是检查费却照扣不误，这样也太不合理了吧？

汽车销售顾问：王先生，是这样的，维修前的故障诊断是很关键的，尤其是不明显的一些车辆问题，就像医生在找病因一样，需要技术人员高超的技术与丰富的经验，同时还要用到专用的检测仪。如果已经准确地判断出故障就等于维修进行了一半，因此，按行业及厂家的规定，适当地收取检测费用是合理的。当然，这肯定是我们售后的同事们没有提前向您解释清楚，所以让您有了这样的误会。

客户：是这样呀，那我知道了。

汽车销售顾问：也希望您多给我们提出宝贵意见，祝您生活愉快，再见！

案例二：客户提车后提醒保养。

客户提车之后，半年之内一直没有来店做保养，为了提升客户的满意度，销售顾问做相关的保养提醒。

汽车销售顾问：张先生，您好，我是销售顾问李想，你还记得我吗?

客户：呵呵，小李呀，有什么事吗?

汽车销售顾问：张先生，您的爱车已经行驶超过6个月，我想提醒您有时间到店进行首次维护保养。

客户：哦，是这样呀，6个月就要做了吗？要多少钱呀?

汽车销售顾问：张先生，定期做维护保养可以保障您的爱车在最好的状态下行驶，而且对动力性和经济性也有一些帮助，最主要的是我们的首次维护保养是免费的！

客户：哦，最近比较忙忘记了，那我尽快吧。

汽车销售顾问：好的，没问题，您看最近哪天方便，我帮您预约，提前预约不光能够减少您到店的等待时间，还有工时优惠的政策。

客户：那就明天上午8:00可以吗。

汽车销售顾问：当然可以了，王先生，祝您用车愉快，明天见。

客户：明天见。

任务二　处理客户抱怨投诉

流程一：工作准备

根据服务流程要求做好工作准备，请检查工作准备情况，并将检查结果填入“处理客户抱怨投诉情况检查表”，见表 10-2-1。若已准备好，请在方框里画上“√”；若有遗漏，请补充后画上“√”。

表 10-2-1　处理客户抱怨投诉情况检查表

项　目	内　容
工作地点	汽车销售顾问办公区□
工作设施	办公桌□　座椅□　车辆□
工作用品	办公计算机□　办公电话□　手机□　写字板□　车辆查询系统□

微组织 1：教师检查纠错，学生改正错误。微评价：☆☆☆☆☆

流程二：处理抱怨投诉客户

1. 通过学习主教材的视频和相关内容，制订出工作计划，并填写在“处理抱怨投诉客户工作流程表”中，见表 10-2-2。

表 10-2-2　处理抱怨投诉客户工作流程表

工序	内　容	工 作 用 品
1		
2		
3		
4		
5		
6		

微组织 2：教师检查纠错，学生改正错误。微评价：☆☆☆☆☆

2. 请实施情景演练并总结工作过程中存在的问题，将问题填写在“处理抱怨投诉客户问题汇总简析表”中，并对原因进行简要分析，见表 10-2-3。

表 10-2-3　处理抱怨投诉客户问题汇总简析表

投诉处理报告	
投诉处理报告	报告人：　　年　月　日
投诉受理日期	
投诉方式	□来函　□传真　□电话　□来访　□展厅
投诉内容	
投诉见证人	
地址及联系方式	
处理紧急度	□特急　□急　□普通
承办人	
处理日期	
处理内容	
费用	
客户意见	
原因调查	
调查会议纪要	
原因	
记载事项	
检讨	

问题1：

问题2：

问题3：

简单分析 1：

简单分析 2：

简单分析 3：

其　他：

微组织 3：教师检查纠错，学生改正错误。微评价：☆☆☆☆☆

3. 请在图 10-2-1 中补充填写抱怨处理的原则。

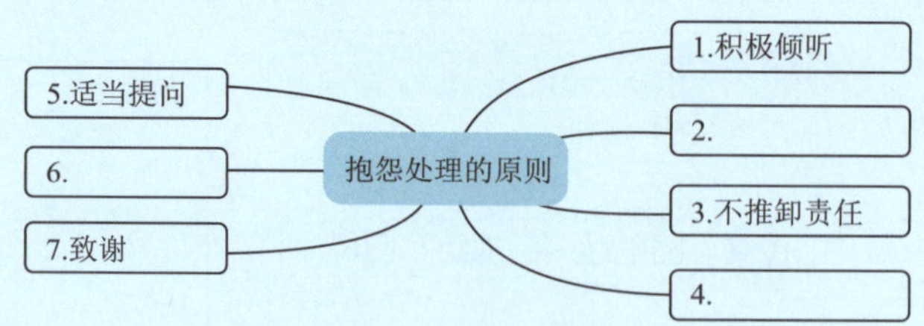

图 10-2-1　抱怨处理的原则

微组织 4：教师检查纠错，学生改正错误。微评价：☆☆☆☆☆

4. 请在图 10-2-2 的方框中对处理客户投诉的流程进行排序。

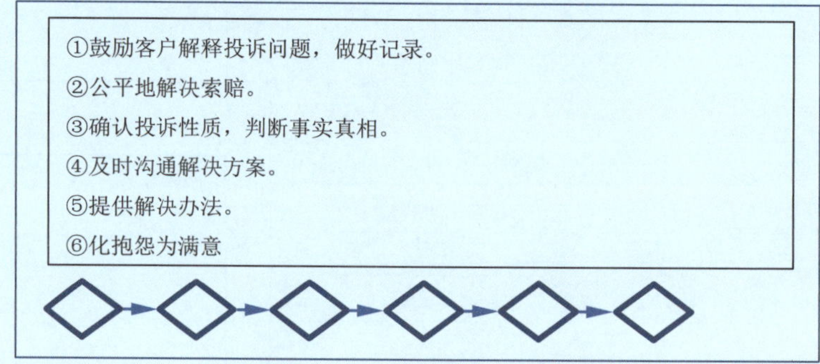

图 10-2-2　处理客户投诉流程图

微组织 5：教师检查纠错，学生改正错误。微评价：☆☆☆☆☆

5. 请在图 10-2-3 中写出客户投诉的原因有哪些，并说明日常生活中最多的客户投诉是哪一种类型。

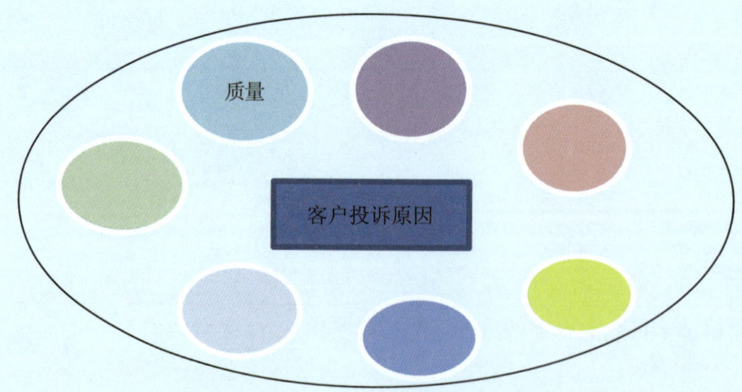

图 10-2-3　客户投诉原因

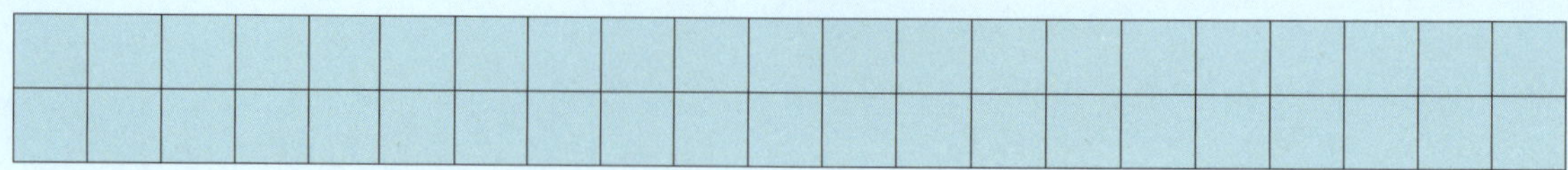

微组织 6：教师检查纠错，学生改正错误。微评价：☆☆☆☆☆

6. 根据视频分析孙先生的类型，应如何应对孙先生的投诉。

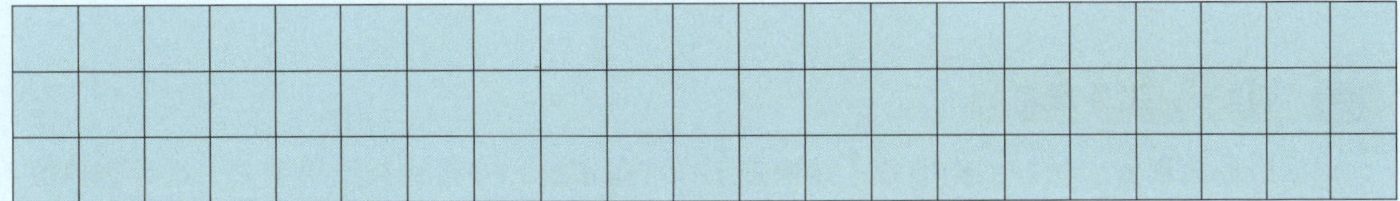

微组织 7：教师检查纠错，学生改正错误。微评价：☆☆☆☆☆

案　例

案例一：客户抱怨配件单价太高。

客户抱怨汽车销售有限公司的汽车零配件的收费太高了。

客户：您好！请问是 ×× 汽车销售有限公司吗？

汽车销售顾问：您好，王先生。这里是 ×× 汽车销售有限公司，我是销售顾问李想，有什么可以为您服务的吗？

客户：我昨天到你们店里做了一个 6 万公里的保养项目，更换了一根正时皮带，配件价格为 240 元，这样太贵了，我问了下其他维修店，只要 160 元。

汽车销售顾问：王先生，是这样的，我们店里的配件采用的正规厂家的原厂配件，由于使用比较多，价格已经是厂家所能给到的最低优惠了，你可以问下其他维修店是否为原厂配件，而且我们还有 6 个月的质保，这些都是其他店无法给您做到的。

客户：哦，原来是这样！我知道了，感谢你的回答！

汽车销售顾问：您客气了！ 祝您生活愉快，再见！

案例二：客户反映新车的油耗比使用手册上的要高。

汽车销售顾问：张先生，您好，不知道您这几天和新车磨合得好吗？

客户：呵呵，还好。开着感觉不错，我朋友们都说很拉风。就是有个小问题，这款车的油耗好像比使用手册上的要高呀。

汽车销售顾问：王先生，您的爱车现在是磨合期，车上各部件都需要磨合，油耗相对而言会稍高一些，您可以使用一段时间后再观察。

客户：哦，是这样呀，我清楚了。其他都挺好的。

汽车销售顾问：王先生，您需要我们协助办理新车牌照吗？

客户：哦，对了，我一个朋友说办牌照挺麻烦的，需要两天时间才办得下来，我想请你帮我办一下。

汽车销售顾问：好的，没问题，上牌照需要您提供一些文件资料，您看是您过来我们店方便呢，还是我去拜访您比较方便？

客户：麻烦你过来一趟吧，明天上午随时都可以。

汽车销售顾问：好的，那王先生，您用车的过程中有任何问题，欢迎您和我联系。祝您用车愉快！明天见。

任务三　维系客户关系

流程一：工作准备

根据服务流程要求做好工作准备，请检查工作准备情况，并将检查结果填入“维系客户关系工作准备情况检查表”，见表 10-3-1。若已准备好，请在方框里画上“√”；若有遗漏，请补充后画上“√”。

表 10-3-1　维系客户关系工作准备情况检查表

项　目	内　容
工作地点	汽车销售顾问办公区□
工作设施	办公桌□　座椅□　车辆□
工作用品	办公计算机□　办公电话□　手机□　写字板□　车辆查询系统□

微组织 1：教师检查纠错，学生改正错误。微评价：☆☆☆☆☆

流程二：维系客户关系

1. 通过学习主教材的视频和相关内容，制订出工作计划，并填写在“维系客户关系工作计划表”中，见表 10-3-2。

表 10-3-2　维系客户关系工作计划表

工序	内　容	工作用品
1		
2		
3		
4		
5		

微组织 2：教师检查纠错，学生改正错误。微评价：☆☆☆☆☆

2. 请实施情景演练并总结工作过程中存在的问题，将问题填写在“维系客户关系问题汇总简析表”中，并对产生原因进行简要分析，见表 10-3-3。

表 10-3-3　维系客户关系问题汇总简析表

客户关系维系表							
序号	客户姓名	联系电话	已购车型	回访时间	回访内容	客户级别	审核签字
1							
2							
3							
4							
5							
备注：							

问题1：

问题2：

简单分析 1：
简单分析 2：
其　他：

微组织 3：教师检查纠错，学生改正错误。微评价：☆☆☆☆☆

3. 请在图 10-3-1 中填写保持客户关系的常用沟通方法。

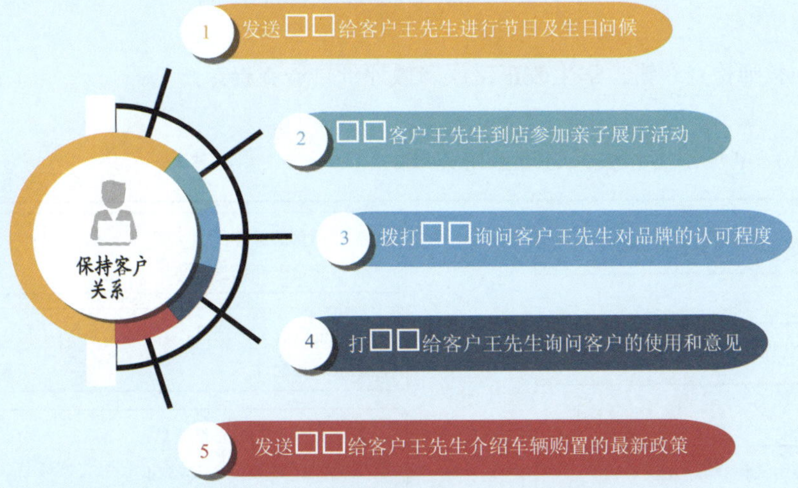

图 10-3-1　保持客户关系的常用沟通方法

微组织 4：教师检查纠错，学生改正错误。微评价：☆☆☆☆☆

4. 请在图 10-3-2 中写出客户常见的沟通方式的分类。

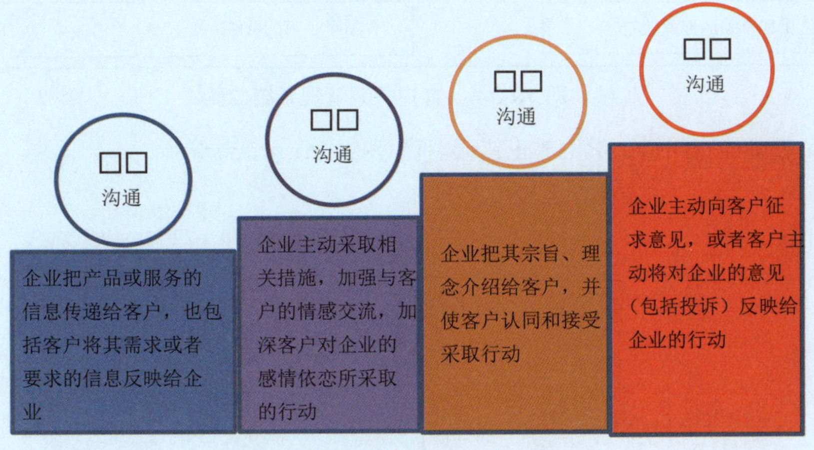

图 10-3-2　客户沟通方式分类图

微组织 5：教师检查纠错，学生改正错误。微评价：☆☆☆☆☆

5. 请在图 10-3-3 中填写管理客户关系的要点。

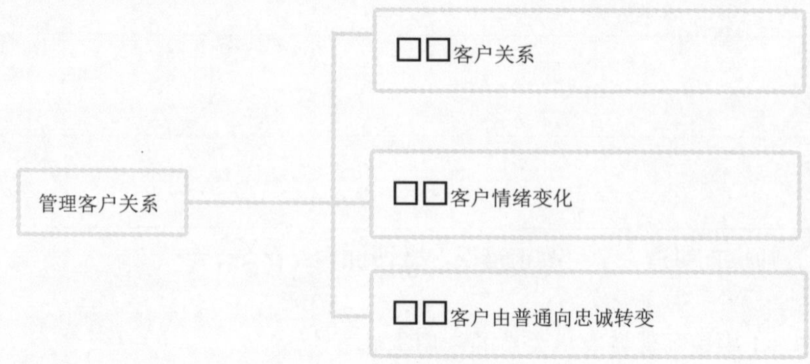

图 10-3-3　管理客户关系的要点

微组织 6：教师检查纠错，学生改正错误。微评价：☆☆☆☆☆

6. 请在图 10-3-4 中对客户关系管理系统连线。

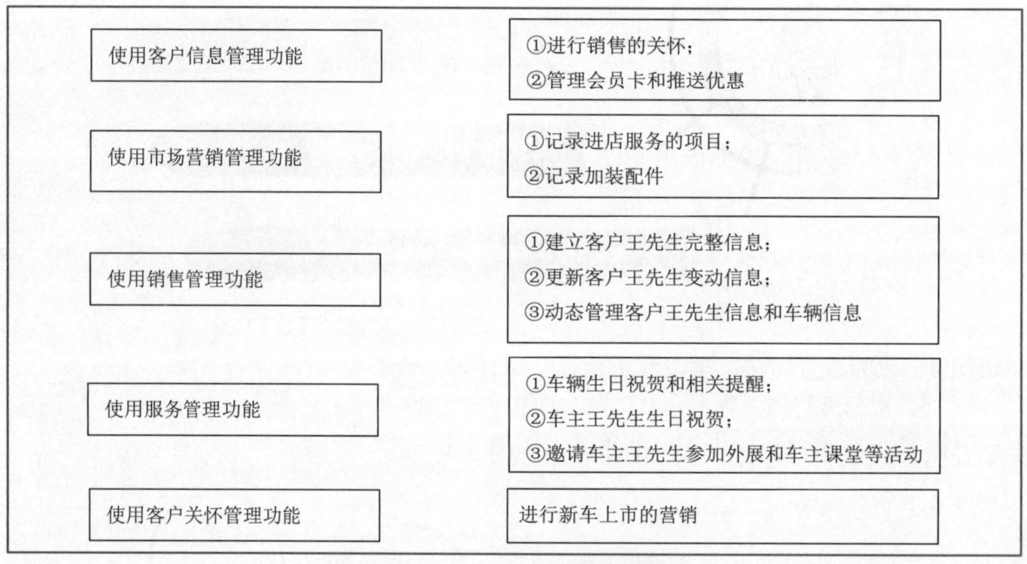

图 10-3-4　客户关系管理系统

微组织 7：教师检查纠错，学生改正错误。微评价：☆☆☆☆☆

案　例

案例一：客户抱怨售后工时服务收费高。

客户来店进行维修，在听取售后服务顾问报价后，抱怨汽车销售有限公司的售后工时服务收费太高了。

客户：我的车出了点小问题，通过你们的维修检查找到了问题，希望在你们店里维修，但是你们的售后工时服务收费太高了，能便宜一些吗？

汽车销售顾问：王先生，是这样的，为了确保你爱车的安全行驶，我们针对目前出现的问题做一个全面的检查，保障您的行车安全。而且我们的收费是通过市场监督局的统一收费的，价格相对合理。我们还对您的爱车检查项目有一个月的质量保证。

客户：是这样呀，那好吧！一定帮我仔细检查下。

汽车销售顾问：好的。王先生，祝您生活愉快，再见！

案例二：客户投诉维护保养时间过长。

客户来店进行维护保养，投诉等待时间太长了。

汽车销售顾问：张先生，您好，有什么可以帮助您的吗？

客户：您好，是这样的，我今天来店保养，可是售后服务顾问说要等待 3 个小时，普通维修店 1 个小时就完成了，你们店里等待时间太长了。

汽车销售顾问：王先生，您今天来店提前预约了吗？

客户：没有呀，保养还要预约呀？

汽车销售顾问：王先生，是这样的，今天是周六，来店维护保养和维修的车辆相对平时就会多一些，而且大多数人已经提前预约好了时间，我们也没有办法把您的订单往前提，换作您，您也不会允许其他人突然换到您前面的，对吧？

客户：嗯，那肯定是不行的呀！

汽车销售顾问：王先生，最主要的是提前预约保养的工时费可以打 8 折的。

客户：啊，这样呀，那我现在预约后天的可以吗？

汽车销售顾问：当然可以了。

客户：那我后天早上九点半到店维护保养吧。

汽车销售顾问：好的。我这就给您预约上，后天早上九点半，大约保养时间为 1 个小时，您看可以吗？

客户：没问题。

汽车销售顾问：好的！王先生，祝您生活愉快，再见！

理论考核

一、选择题

1. （　　）不是销售顾问回访的主要任务。

A. 提供用车信息　　B. 提供咨询服务

C. 核实交易事项　　D. 消除客户可能产生的失落情绪

2. 针对不同的客户我们有不同的应对办法，下面（　　）不是应对友善性客户的方法。

A. 不能过于友好，以免造成客户对汽车性能及价格产生误解

B. 认真揣摩客户心理，主动询问（把握需求）

C. 细节把握，从客户的感受出发，体现细致的关怀，介绍车时着重体现安全性能和舒适性能

D. 关键是建立信任关系，如积极提供个人帮助（如汽车保养知识等）

3. 在售后定期跟踪时，客服部门每（　　）做一次跟踪联系。

A. 1个月　　B. 2个月　　C. 3个月　　D. 半个月

4. 下列售后跟踪内容有误的是（　　）。

A. 新车交付后24小时致关怀电话，询问客户是否满意并确定车况是否良好，如果需要，帮助解决问题，进行顾客满意度调研

B. 交车后3日内电话致谢，询问车辆使用情况，并进行首保提醒

C. 回访员在一周内电话回访

D. 首次保养时，销售顾问不必在场进行顾客问候和关怀

5. 以下处理客户抱怨投诉的方法不正确的是（　　）。

A. 保持镇定．自信，面带微笑

B. 耐心听客户讲完，不要打断客户的说话

C. 在客户抱怨的同时，以十分同情和理解的态度聆听，取得客户的认可和信任

D. 不论客户投诉和抱怨的理由是否正确，上报给领导处理

二、判断题

1. 积极正确地对待客户投诉，提升品牌影响力，提高自身水平，更好地为客户服务。（　　）

2. 新车交付后72小时致关怀电话，询问客户是否满意并确定车况是否良好，如果需要，帮助解决问题，进行顾客满意度调研。（　　）

3. 通过回访为客户提供专业的咨询，有助于增进客户对服务的满意评价，培养企业的忠诚客户。（　　）

4. 客服专员根据实际情况每月定期回访，主要是进行日常车辆使用跟踪，维系客户关系。（　　）

5. 抱怨与投诉的区别在于抱怨不要求结果，投诉必须有结果。（　　）

微组织：教师检查纠错，学生改正错误。微评价：☆☆☆☆☆

参考文献

[1] 陈姣 . 汽车销售顾问超级口才训练 [M]. 北京：人民邮电出版社，2019.
[2] 刘秀荣，吴风波 . 汽车顾问式销售 [M]. 北京：机械工业出版社，2019.
[3] 戴华 , 赵江 , 苏忆 . 汽车销售顾问实务 [M]. 北京：清华大学出版社，2016.

笔记栏